本书编委会

顾　　问　曾祥陆

主　　任　张友生

副 主 任　梁世辉　　刘玉萍　　刘茂德　　吕　玲　　邓时坤

主　　编　张友生

副 主 编　邓时坤

特约编审　贾福军　　马建文　　李晓东　　袁荣亲

执行主编　幸建辉　　徐禄世　　黄华锋　　王慧敏

委　　员　陶　涛　　李　冬　　刘寿明　　黄德富　　兰海文

　　　　　杨　岭　　詹益顺　　梁　良　　范旗辉　　曾佑平

　　　　　杨　杨　　邱礼强　　曾华威　　马范文　　童　娟

　　　　　罗海军　　吕春林

责任编辑　黄德富　　梁东升　　黄　雯　　何邵军

走出迷茫

——37例成功戒毒典型个案实录

张友生　主编

ZOUCHU MIMANG

37 LI CHENGGONG JIEDU DIANXING GEAN SHILU

暨南大学出版社
JINAN UNIVERSITY PRESS

中国·广州

图书在版编目（CIP）数据

走出迷茫：37例成功戒毒典型个案实录/张友生主编．—广州：暨南大学出版社，2018.5（2019.10重印）
ISBN 978 - 7 - 5668 - 2388 - 5

Ⅰ.①走… Ⅱ.①张… Ⅲ.①戒毒—案例—广东 Ⅳ.①D669.8

中国版本图书馆 CIP 数据核字（2018）第 096147 号

走出迷茫——37 例成功戒毒典型个案实录
ZOUCHU MIMANG——37 LI CHENGGONG JIEDU DIANXING GEAN SHILU
主　编：张友生

出 版 人：徐义雄
策划编辑：张仲玲　武艳飞
责任编辑：武艳飞
责任校对：叶佩欣
责任印制：汤慧君　周一丹

出版发行：暨南大学出版社（510630）
电　　话：总编室（8620）85221601
　　　　　营销部（8620）85225284　85228291　85228292（邮购）
传　　真：（8620）85221583（办公室）　85223774（营销部）
网　　址：http://www.jnupress.com
排　　版：广州市天河星辰文化发展部照排中心
印　　刷：深圳市新联美术印刷有限公司
开　　本：787mm×1092mm　1/16
印　　张：13.25
字　　数：240 千
版　　次：2018 年 5 月第 1 版
印　　次：2019 年 10 月第 2 次
定　　价：38.00 元

前　言

习近平总书记指出，禁毒工作事关国家安危、民族兴衰、人民福祉，禁绝毒品，功在当代、利在千秋。广东是毒品问题的重点省份和戒毒工作大省。截至 2017 年底，全省登记在册的吸毒人员超过 65 万，约占全国的 1/6。面对复杂艰巨的禁毒戒毒工作任务，广东司法行政戒毒机关深入学习贯彻习近平总书记系列重要讲话精神，坚决贯彻司法部、省委、省政府关于禁毒戒毒工作的部署要求，坚持"科学戒治、淡化心瘾"的工作思路，探索形成了具有广东特色的"三三六"戒毒模式，帮助一大批戒毒人员成功戒除毒瘾，重获新生。为促进平安、法治广东的建设，更好地满足人民群众对美好生活的需要做出了积极贡献。为立足公共法律服务，进一步深化科学戒毒成果，讲好司法行政戒毒故事，传播广东戒毒声音，帮助更多的吸毒成瘾者认清毒品危害，坚定戒毒信念，找到正确方法，我们在认真总结"三三六"戒毒模式经验的基础上，精选了一批成功戒毒的典型个案，编撰成此书。

全书分 4 篇计 37 个案例，各篇都配有专家点评，各案例叙述清晰，具有很强的可读性和指导性。收录的典型个案，有的以平实叙事回顾了戒毒者在毒海挣扎的艰苦历程，有的以细腻笔触刻画了戒毒人员在戒毒过程中反复拉锯的心理斗争，有的以激昂笔墨描述了戒毒人员成功戒毒后回报社会的蝶变新生。其中，既有戒毒场所对毒品成瘾违法人员教育戒治工作的"写实"，也有地方禁毒、综治和街道、村居等各方合力的成效"展示"。既有脱离毒瘾之人从往昔迷茫挣扎到戒治重生的历程"缩影"，也有戒毒人员家属，以及政府和社会对他们关心爱护、不离不弃的真情"回顾"。

个案的汇集，从另一个侧面展现了广东省司法行政戒毒机关全面贯彻落实《中华人民共和国禁毒法》、国务院《戒毒条例》和《广东省禁毒条例》，全力履行强制隔离戒毒职能，充分发挥对社区戒毒、社区康复的指导和支持作用，大力推进青少年"6·27"毒品预防教育、推进"8·31"社区戒毒、社区康复工程建设的生动实践和突出成效，深刻揭示了"毒难戒，但只要讲科学、有决心、有毅力就能戒"的道理，必将进一步激励广大戒毒民警不忘初心，牢记使命，砥砺前行。更加深入细致地做好戒毒工作，必将激励吸毒成瘾人员进一步坚定信心，科学戒毒，不断朝着战胜毒魔、回归社会的梦想前进。可以说，本书记载的一个个典型案例，就似一盏盏明灯，点亮了戒毒人员前进的道路。广东省司法厅党委书记、厅长曾祥陆审阅书稿后批示："做戒毒工作功德无量，编这本书让不同读者阅后获益，同样功德无量。"

"惟其艰难，方显勇毅；惟其磨砺，始得玉成。"在禁毒戒毒这场没有硝烟的战争中，我们坚信，有了党中央的正确领导，有了各级党委的高度重视和社会各界的关心支持，禁毒戒毒工作必将乘风破浪，砥砺前进。希望广大戒毒工作民警，始终如一地爱岗敬业，出色完成教育戒治中心任务；希望戒毒人员继续坚定信心，走出迷茫；希望广大青少年以戒毒人员的惨痛经历为鉴，绝不吸第一口毒品；希望社会各界一如既往地关心支持戒毒工作，齐心协力凝聚起禁毒人民战争的强大合力，为早日建成富强、民主、文明、和谐的社会主义现代化强国添砖加瓦、贡献力量。

编　者

2018 年 1 月

目　录
CONTENTS

操守篇

重构心理奖赏机制　　激发戒除毒瘾意愿

贾福军教授简介：

医学博士，教授，博士生导师。广东省精神卫生中心主任，广东省精神卫生研究所所长。全国睡眠与心理卫生科学首席科学传播专家。第四届中国医师协会精神科医师分会副会长，广东省心理健康协会会长。中央保健委员会专家组成员。

鉴于现代成瘾医学的快速发展，消除毒品的生理依赖已经有成熟的技术，但消除毒品的心理依赖仍是我们目前面临的主要挑战。矫正不良行为有三个基本要素：一是要充分认识到不良行为给自己和他人带来的危害；二是要建立起对不良行为得到矫正之后带来的美好生活的期盼和憧憬；三是要有一套系统化、可操作性强的矫正方法，包括技术、步骤和措施等。三者缺一不可。操守篇的这几个案例集中反映了第二个要素的关键作用。建立对未来美好生活的期盼和憧憬正是一个社会心理康复的过程，要帮助戒毒者建立信心，不仅要为戒毒者营造良好的社会心理氛围，包括接纳、容错、鼓励等，修复和建立新的人际关系和社交圈，而且要做好康复早期的监督、沟通和社会支持，不断让戒毒者获得成功感和满足感，从而进入社会心理康复良性循环的轨道。

"以前吸毒的那个我已经死了。现在的我已不再吸毒，并且有了挚爱的妻子，我一定会对她负责到底。"

扬起生命的风帆

李华辉（化名），男，16岁开始吸毒。随后20多年间，他屡戒屡吸，多次出入戒毒所。2013年4月自愿去三水某戒毒康复所接受戒毒康复训练，戒毒康复期间恋爱结婚。2013年10月回归社会后，李华辉在佛山承包经营了一家停车场，月收入过万元，生活稳定，至今未再沾染毒品。

黑夜何处是尽头

"我是一个不幸的人，因为吸毒，走上了一条荆棘丛生的不归路。这条路暗无天日，看不到曙光和希望，甚至连空气都是浑浊的，呼吸都觉得困难，我的世界里只有无边无尽的灰暗。"回忆起这段凄苦的人生，曾经吸毒20余载的李华辉依旧心有余悸，他紧紧抱着埋在膝盖间的头，痛苦之情溢于言表。

"往事不堪回首，年少轻狂的我因为交友不慎，16岁就沾染上了毒品，为了筹集毒资，把家里能卖的东西都卖得干干净净，这一吸一戒就是20多年。那段时间，我的人生就是一片灰色，在社会上我躲在旮旯里吞云吐雾，在戒毒大院里我每天行尸走肉般地活着。"这是李华辉吸毒20多年的真实写照。他在吸毒—戒毒—复吸—复戒毒的轮回中迷失了自己，找不到人生的方向。"吸毒让人兴奋，但是太短暂；戒毒很苦，但是很无奈。这条路何时是尽头？很想去一个可以避风挡雨、放慢脚步的地方，或许这样就可以找回曾经的自己，可以告别不堪回首的过去了。"在一封在戒毒所里写给家人的信中，

— 4 —

李华辉如是说。

"我一家四兄弟，我是老幺，在我们十几岁的时候，父母相继患癌病逝，是大伯父含辛茹苦把我们养大，可是除了我大哥，我们三兄弟都吸了毒。"手里夹着根烟的李华辉深深叹了一口气，"我最对不起的就是我大伯父，他待我们兄弟几个，特别是我，就像亲生儿子一样，在我戒毒期间经常抽空来探望我，给我送零花钱和生活用品，他最大的希望就是我能够戒毒成功。"大伯父说："我没几年活头了，如果你不能戒掉毒品，我死了都没法子向你父母交代。"李华辉的眼里泛起了泪花。"我也很想把毒戒掉，可是从戒毒所回到社会后没有家人和朋友，大哥大嫂就像躲瘟神一样躲我，邻居和街坊总是用异样的眼光看我，我感觉自己就像一只人人喊打的过街老鼠。"

"当上帝关了扇门，一定会为你打开另一扇窗。"就在李华辉对人生失去希望的时候，2013 年初，戒毒所安排他到康福苑（三水某戒毒康复管理所）体验戒毒康复生活。"刚来到康福苑，我就被这里的舒适环境和和蔼的民警给'吓'到了。原来在这里可以不受强制约束管理，住的是家电家具齐全的集体公寓，参加劳动可以有工资收入，还有很多康复训练项目，就像学校和企业一样。抱着试一试的想法，我留在了康福苑。"

康复找回自我

决心在康福苑接受戒毒康复训练的李华辉开始了规律且充实的戒毒康复生活。"我每天起床洗漱后，要先打会儿太极拳或者做晨间操，然后去工厂上班，下班后打打桌球和乒乓球，晚上看看电视或上上网，有时参加苑里举办的康复活动。在那里，我不仅学到了一技之长，有了自食其力的能力，还开始憧憬回归社会以后的生活，我想只要能做到不吸毒，以后会过上好日子的。"

由于长期吸毒，李华辉的性格十分暴躁，个性比较偏激。有一次，因为生产劳动岗位调整，李华辉与生产协管员发生了冲突，开始怨恨民警，歇斯底里地怨恨所有人，表现得像一个彻头彻尾的"疯子"。民警辅导员迅速对其进行心理干预，由医护人员和心理咨询师组成的心理干预小组，从心理咨询与矫治的专业角度对他进行心理干预，引导他学习心理调适的基本知识，缓解心理焦虑，舒缓不良情绪。为了稳定他的情绪，民警辅导员除了邀请他的大伯父来所帮教外，还邀请他参加社会上的志愿服务活动，帮助他逐渐找回了自我。

随着思想的转变和心理的康复，李华辉开始懂得如何自救和自爱了。他说："没有经历过康福苑的磨炼，我敢肯定自己又会复吸。"他的身体得到了良好康复，现在回到社会没有人会觉得他曾是个沉迷毒海多年的"瘾君子"，他的心智也得到很大程度的复苏，想事情和处理问题不再偏激，比以前更加成熟稳重，也渐渐能够适应和融入社会了。他的亲情也得到了修复，大伯父对他又有了信心，家里重新有了欢声笑语，每每请假回家他都感觉到很开心，觉得自己越来越像一个正常人了。

微信摇到真爱

央视主持人董卿在《朗读者》节目中这样诠释"遇见"——世间的一切都是遇见。就像冷遇见暖，有了雨；春遇见冬，有了岁月；天遇见地，有了永恒；人遇见人，就有了生命。

对李华辉而言，今生最大的幸福就是在康福苑找到了真爱。也许上天喜欢眷顾那些努力改变自身命运的人。那年国庆节假期，大伯父担心他回家后会和以前的"粉友"混在一起，便打电话让他待在康福苑不要回家。那时他刚花了两千多元工资买了一部智能手机，通过微信的"摇一摇"功能认识了一个陌生女子。经过锲而不舍的追求，她成了他现在的妻子。说到这里，一脸幸福的李华辉洋溢着发自内心的喜悦和快乐。

也许是缘分天注定，转角会遇到真爱。初识女友的李华辉就像变了一个人似的，言行举止变得儒雅大方。每天努力工作、积极康复，一到放假就坐车去见女友。每次都带上精心准备的礼物，向女友坦诚交代自己的灰色过往，表明自己痛改前非的决心。经过半年多的接触和交往，他用实际行动赢得了女友的芳心。

李华辉带着女友来到康福苑做客，很自豪地向民警和其他康复人员介绍起了不是"粉妹"的女朋友，"这是我这辈子最自豪的一件事"。比起其他康复人员，李华辉实现了人生中的第一次"弯道超车"。

携手共筑幸福梦

"以前吸毒的那个我已经死了。现在的我已不再吸毒，并且有了挚爱的妻子，我一定会对她负责到底。"面对回访的民警，李华辉当着妻子的面，信誓旦旦地说出了心里话。哪怕现在过去了 4 年，他都不会忘记民警对自己说过的一句话："是男人就不要重蹈吸毒的覆辙，是男人就该负起应负的责任，爱她就把她娶回家，好好对待，否则老天爷都不会放过你的。"有了家庭的李华辉，主动承担起了家庭的责任。夫妻俩承包了社区的公共停车场，起早贪黑经营管理。每天从早上 6 点到晚上 10 点都没得休息，一天三顿都在停车场吃。"虽然有点累，但是每天都可以挣到三百多元，节假日更有五百多元，平均每个月可以挣一万多元。所有钱都交给老婆掌管，以前的'粉友'叫我出去玩，我都说没钱。"说到这里，李华辉狡黠一笑，"凡事听老婆的准没错。"

一分耕耘一分收获，李华辉计划攒够钱就把房子重新装修，添置新的家具和家电。"继女很快就要结婚了，外孙明年也要出生了，到时请民警过来喝喜酒。我的'小目标'是坚决不复吸，努力多赚点钱，活出个样子来。以后带孙子我全包了，给后代树个好榜样。""任由自己吸毒下去，最终不会有任何好结果的，戒不掉毒的那些'粉友'死的死、残的残、失踪的失踪。"这是他最大的感悟。"要想戒毒不复吸，我觉得要有像康福苑一样的好环境、好圈子，有人生的方向和目标。最好有人经常提醒和指点迷津，特别是要转变思想观念，调节自己的心态，不能自暴自弃、盲目攀比或者找借口逃避责任。如果家里能有一个妻子鼓励和监督，那就更好了。希望能有更多像我一样的人到康福苑里戒毒和康复，回到社会后能够自食其力。若没有政府和康福苑的关心和帮助，我很可能还在戒毒、复吸的路上徘徊，我真的很幸运，也很幸福。"李华辉认真地说道。

现在的李华辉，每个月都会到社区报到，主动接受尿检，康福苑民警也经常通过电话、微信和短信了解他的情况，及时给予远程指导，时不时还会跟踪回访。"每次我到社区或者回三水探亲，我老婆再忙都会陪着我。"李华辉有一次因为工作不顺，心情低落，向妻子要钱买酒喝，两夫妻因此大吵一架，把妻子气得离家出走，自己差点就复吸了。直至今日，李华辉想起那次经历还心有余悸。

李华辉愿意帮助更多吸毒的人摆脱毒品的侵害，他对民警说："我愿意现身说法，用亲身经历告诉他们，毒品是万恶的东西，千万不能沾。吸了毒就要赶紧戒、坚持戒，不然等待他们的只有孤苦伶仃和疾病死亡。"

李华辉现在每天都写日记。他在日记本扉页上写道："过去的我吸毒又复吸，坎坷上半生；现在的我赚钱养家又糊口，幸福下半生。"他每天都会打开日记来看一眼，警示自己切勿重蹈覆辙，务必珍惜来之不易的美好生活。

（采写人：丘安升）

"我现在亲手将老公送进康复所，只有这样，我们才可能有新的生活、新的希望。我后半生一定要拼尽全力守住对儿子的承诺，守住对女儿的爱，守住这个家！"

她用行动守护着家

阿冰（化名），女，1996 年开始吸食海洛因，十几年的吸毒史。三次被强制隔离戒毒。19 岁时与毒友未婚生子，被家人赶出家门。2011 年戒毒期满后，阿冰来到了三水某戒毒康复管理所接受戒毒康复训练；2013 年因怀孕生子离所，至今已保持戒断未复吸 5 年。5 年间，阿冰不仅自己坚持戒毒，还帮助丈夫阿强（化名）戒毒。现在阿冰独自一人抚养女儿，照顾着生病的父母，奔波劳碌，却非常坚定地守护着这个家。

你是我们今生最大的包袱

阿冰是家里的幺女，小时候家境殷实。她从小聪明伶俐，能说会道。父母和哥哥姐姐都非常疼爱她，对她期望很高。可惜她贪玩、叛逆、不爱读书学习，初中还没毕业便辍学在家，整天跟着不三不四的朋友鬼混。18 岁就去了当地一家酒吧打工，整日穿梭于灯红酒绿之间。在损友的怂恿下，她沾染上了"白粉"，开始了"找钱—吸毒—找钱—吸毒"的堕落人生。

阿冰沾染上毒品后，家人一直没有放弃她。哥哥出钱让她去学开出租车，她却把钱全部拿去买毒品；姐姐介绍她去卖保险，她却无心工作，天天请假往外跑；做医生的姑姑好心介绍她去读卫校，希望她将来做一名护士，她却整日浑浑噩噩，根本没心思上学。最让家人伤心的是，阿冰居然找了个吸毒的男朋友。不到19岁就未婚先孕，生下一个儿子后，男朋友跑得无影无踪。年纪轻轻的阿冰抱着嗷嗷待哺的儿子无奈回到了娘家。然而，父母早已对她失望透顶："你为什么要吸毒?!为什么不知道改过?!你还敢未婚生子!你就是我们今生最大的包袱，现在还带了个拖油瓶，你真是气死我们啦!你走吧!以后不要进这个家门!"尽管如此，父母还是留下了阿冰年幼无辜的儿子，悉心管教。

我要成为儿子的骄傲

没有了家人的管束，阿冰更加破罐子破摔，整日同毒友厮混，居无定所。就算逢年过节，也不回家探望父母和年幼的儿子。她怨恨父母，嫌弃儿子是她人生的污点，她从不对别人讲起儿子。1999年，正在吸毒的阿冰被姐姐撞了个正着，姐姐气得咬牙切齿，立马打电话让派出所抓她进了戒毒所。铁窗里的阿冰，夜夜难以入眠，她想不通，为什么疼爱自己的姐姐会这样对她。她更加颓废，觉得活着已经没有什么意思了，还不如多吸几年毒快活快活，就这样"抓了戒一放了吸"。

截至2010年，阿冰已经是第三次被送进戒毒所。她自暴自弃，经常顶撞管教民警，身体也不好，情绪非常低落。在一次探访会见中，阿冰见到了儿子。十几年时间儿子已经长大了，她陪伴的时间却几乎为零。想起这些，阿冰不知该如何面对儿子，想不到儿子却先开口了："妈，这么多年来，你吸毒，不管外公外婆，也不管我。我努力学习，次次考第一，向身边人证明我是优秀的。你都几十岁的人了，要好好想想以后的路!"面对儿子的质问，性格倔强的阿冰立马转过身，眼泪却止不住地往下流。她对自己说："阿冰，儿子是好样的，你也要好好的，你一定要站起来，一定要成为儿子的骄傲!"

是你给了我第二次生命

2011年9月戒毒期满，阿冰又一次站在了十字路口。没有亲朋好友的支持，没有一技之长，身无分文的阿冰非常迷茫，不知道该怎么办。如果匆匆忙忙踏入社会，肯定会走回老路。正在这时，中山社区工作人员向她介绍了广东省三水某戒毒康复管理所，她决心去试试!

康复所为了帮助阿冰戒毒康复，根据她吸毒戒毒的经历、身体体能状况、个人性格兴趣等方面，有针对性地制订了戒毒康复计划，并将康复目标分解到月，将康复措施细化到周。康复所还为阿冰安排了一位业务能力较强的民警做她的思想辅导员，经常找她谈心聊天，关注她的日常思想动态。安排表现稳定的戒毒康复典型与她"结对子"帮扶，进行同伴约束、同伴管理，互相打气，坚定戒毒信念。康复所民警还利用讲座、警示教育、座谈会、参观等多种形式，帮助她提升拒毒能力。

阿冰说："在康复所，我感觉到从未有过的安全舒适和轻松自在，这里氛围非常好。它就是一个微型社区，环境优美，有图书馆、网吧、健身房、多功能厅、超市等，周末休息还可以外出。只是要定期接受尿检，宽中有严，是回归社会的中转站！"

民警们更像是朋友、老师。他们平易近人、和蔼可亲，每次遇到难事都会鼓励、帮助阿冰。"印象最深的是，有一次凌晨3点，我感冒发烧到40℃，头痛欲裂，整个人都晕乎乎的，嗓子冒火，十分难受。生病使我感到特别孤独无助，特别脆弱。值班民警知道后马上送我去医院急诊，令我感动的是她帮我挂号拿药，跑上跑下，还陪我熬夜打了3瓶点滴。直到早上7点钟我退了烧，值班民警才松了一口气。当时看到她黑黑的眼圈，一脸的疲惫，我真的很受触动，第一次感觉有人是真心对我好，关心我、照顾我、呵护我，心里真的是好温暖、好感动！"那一刻，阿冰很坚定地对自己说："一定要戒毒，决不能辜负民警们的期望。"回想起两年多的戒毒康复生活，阿冰感慨万千。

阿冰还清楚地记得，有一次因为与其他康复人员吵架，心情很烦躁，生产劳动也不在状态，一度想"以毒解忧"。民警辅导员知悉后，马上联系心理辅导中心，为她安排心理咨询服务。咨询师带她进入心理宣泄室去宣泄负面情绪，教她用情绪调控的方法来缓解暴躁的情绪。还鼓励阿冰培养健康的兴趣爱好，于是，羽毛球、短跑慢慢成了她的拿手好戏。

在一次康复所组织

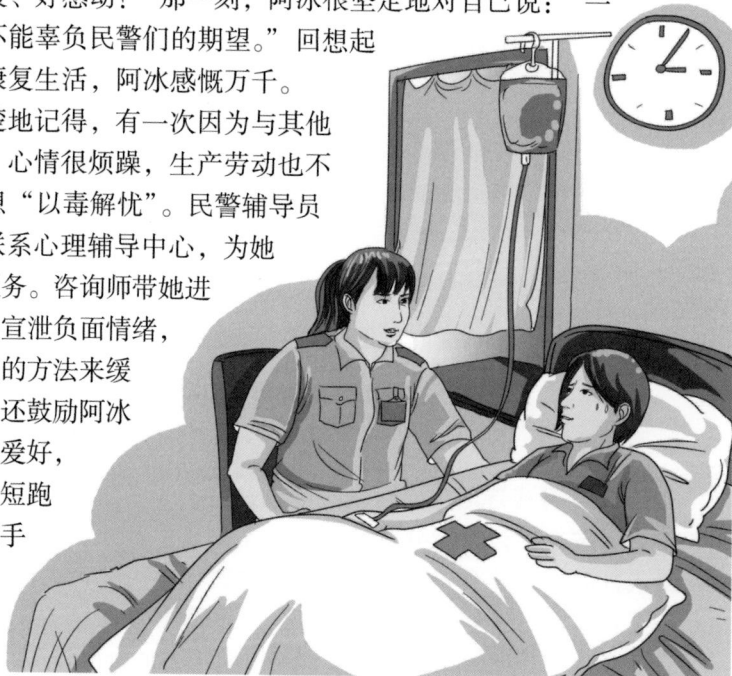

的康复人员运动会上，她报名参加了200米女子接力赛项目。不巧的是比赛前一天她得了重感冒，浑身无力。同伴们都劝她弃权，阿冰却非常坚强地跑完了全程。她说："这个好比戒毒，不能碰到一点点小问题就退缩，更何况这个是集体项目。我放弃了，其他的队友怎么办？我们应该有集体荣誉感！"在民警辅导员的帮助引导下，阿冰的拒毒能力明显增强，身体素质得到明显改善，人也自信开朗了许多。

为了进一步巩固戒毒康复成效，民警辅导员还主动积极帮助她修复亲情。对于阿冰的每一点进步，民警辅导员都会告诉她的父母和儿子，鼓励她逢年过节多回家看看，陪陪儿子，探望年迈的父母。

两年多的戒毒康复生活，阿冰表现得非常出色。她经常参加所里的比赛并赢得名次，还获得过"优秀康复员工"的光荣称号。家人对她的态度从拒绝接纳、坚决不信任，逐步转变为有所松动、怀疑，最后到完全相信、彻底信任。阿冰每次回家，父母都会做她最喜欢吃的酱油鸡，儿子更是早早地在汽车站等着接她。

与此同时，阿冰也找到了属于自己的爱情。社区化、自由式的戒毒康复生活，让阿冰在康复所里结识了老乡阿强。他们有许多共同的话题，谈不懂事的过往，谈戒毒的动力。遇到挫折困难两人互相打气，遇到伤心事就彼此安慰。十多年没有谈恋爱的阿冰接受了阿强的追求，开始了两个人的"戒毒马拉松"。

2013年3月，在征得双方父母的同意后，阿冰同阿强登记结婚，此时阿冰才发现自己怀孕了。得知这个消息，她第一时间打电话给民警辅导员："我太高兴啦！感谢上天又给了我做母亲的机会，吸毒这么多年，身体都熬垮了，一直以为35岁的自己再也无法生育。这个宝宝就是上天对我的恩赐，我突然间想明白了，自己想要什么，为什么活着，以后的路要怎么走，感谢康复所给了我第二次生命！"

我一定要守住爱和家

2013年9月，阿冰产期临近，她申请离所，半个月后生下了女儿。看着女儿的小脸蛋，她坚信自己找到了前行的方向，再苦再累，她都要陪伴女儿长大。可喜的是，由于戒毒记录良好，保持戒毒不复吸时间长，公安机关在2014年撤销了对阿冰的动态监管。这表示她有了一个正常公民的身份，在回归社会的路上，阿冰又向前迈进了一大步。

女儿刚满一岁，姐姐见阿冰经济压力大，主动叫她去打理五金加工厂，出入货、质检等，所有的杂事都交给她去打理。阿冰很努力，很勤奋，不懂就向老员工学习，一些账本数据经常要对上几遍才放心。她经常说："过去我做过不少错事，文化水平也不高，姐姐愿意给我机会，我一定要加油干！"不到一个月的时间，阿冰已经熟悉了工厂出入货流程以及质检等工作，做起事来得心应手。员工们都愿意配合她，姐姐也信任她，几万元的资金都放心交给她经手。现在她月收入有三千多元，年底还有厂里的分红，经济相对宽松，阿冰说要尽自己最大的能力给女儿最好的生活。

这么多年，阿冰不仅自己做到了，还一直帮助老公阿强戒毒，一次又一次帮他悬崖勒马。她常常对老公说："我们一定要守住，如果我们都进去了，女儿怎么办？要记住肩上的责任，才有动力，有动力才有希望！"

2017年5月，当阿冰发现丈夫偷偷吸毒的时候，她一巴掌拍过去："我现在要你回康复所戒毒，那里是你最后的一根救命稻草啦！你去不去？你不去我就报警抓你！"在她的动员下，阿强又回到了康复所接受戒毒康复训练。谈起这一点，阿冰很感慨："当年是我姐姐亲自报警送我进的戒毒所，我感激她。我现在亲手将老公送进康复所，只有这样，我们才可能有新的生活、新的希望。我后半生一定要拼尽全力守住对儿子的承诺，守住对女儿的爱，守住这个家！"

【采写手记】

质检核数、出货入货，烦琐却有条不紊。在一家五金加工厂内，我们见到了阿冰忙碌的身影。她自信满满，处事干练、游刃有余，员工们尊称她为"何总"。在阿冰家，我们见到了她活泼可爱的女儿，门一开就冲到阿冰的怀里，很亲热。阿冰的爸爸瘫痪在床，妈妈身体不好，需经常去医院。阿冰每日都要做好一日三餐才能去上班，休息时间就陪妈妈看病，是个名副其实的大忙人。在女儿眼里，她是一个无所不能的"超人"。

谈起现在忙碌的生活，阿冰告诉我们："我现在很努力，很勤奋，全部的时间都放在赚钱养女儿和照顾父母上，累但是很充实。我在过一个正常人的生活，陪伴女儿长大，陪伴父母变老，很幸福。这种生活状态以前想都不敢想，当初戒毒是对我儿子的承诺，而戒毒康复真正地给了我重新来过的机会，给了我第二次生命，让我守住了爱、守住了家。"

戒毒康复人员能够成功回归社会，并且可以保持长时间戒断不复吸，有两方面因素起到关键性的作用。

首先是家人、亲朋好友的支持、信任与帮扶。例如阿冰在康复所时，民警帮助其改善了同姐姐、父母的亲情关系。阿冰回归社会后要养女儿，经济出现困难，心情一度非常低落，关键的时候姐姐主动伸出援手，叫她帮忙打理工厂。经过一段时间的考验，姐姐很放心地将大小事务都交给她处理，手头经常有几万的现金出入。阿冰自己也说："这在以前根本不可能的，一毛钱都卷跑了，更不要谈几万。"这一点提示我们：在教育戒治的过程中，对一些有子女的、已婚的戒毒人员，可以有针对性地采取亲情感化训练法，重新唤起其对家庭的责任感，并帮助其恢复亲情关系，为其回归社会提供保障。其次是戒毒所、康复所同地方禁毒委、社区服务站等部门的合力帮戒。一方面，戒毒人员回归社会时，戒毒所、康复所与地方禁毒委、安置办等部门要做好无缝对接，降低脱管率。另一方面，戒毒所、康复所要扶上马送一程，要把戒毒人员当成自己嫁出去的女儿，通过远程戒毒康复指导、跟踪回访等形式实施帮扶。地方禁毒委、安置办等部门在做好管控的同时，要及时解决戒毒人员在生活、工作、学习中碰到的问题，在戒毒人员遇到挫折时能够及时提供帮助。

（采写人：童　娟）

每天，我都在不断超越自我、升华自我。终于，我懂得了，每个人的心都是一个世界，心平则世界平，心宽则天地广。我们不应该去埋怨，而应该去爱，爱自己才能爱他人，爱他人才会爱自己。在短暂的人生中，去领悟真谛，用平等、柔和、善良和爱去战胜自我。

万古不磨志　中流自在心

1999年10月28日，一辆警车往广东省三水某戒毒所疾驰而去。车内充满了痛苦和绝望，我们几个人被手铐连在一起。我身边的几位毒友形容枯槁，满脸写着痛苦。

警车在蜿蜒崎岖的山路上爬行，犹如我颤抖的心。不是因为害怕高墙内的生活，而是因为毒魔又挥舞着魔爪袭向我。我的内心在挣扎着，生不如死的感觉一次次地扑向我，仿佛死神开的一个个幽默的玩笑。远远望见了飘扬的五星红旗，高高的围墙好像没有尽头似的。

庄严的大门越来越近，"戒毒所"几个大字像子弹一样射向我，心在反抗挣扎，胸口隐隐作痛。第一天清晨，灵魂改造开始了。六百号人排着整齐的队伍唱起了国歌，每个人仿佛都在倾诉着痛苦，高昂的歌声足以震裂天空。齐步走、正步走、跑步走等高强度的训练让我暂时忘却那些莫名的痛楚。只有忘记自己的时候我才感觉我还是自己，一有念头，毒魔的魔爪就顺着我的心伸进高墙内将我俘虏，我被它一次次降服并甘愿做它的奴隶。

这样训练了一个月后，我被分到了常规大队。大家都怀着兴奋好奇的心情排着整齐的队伍走着，"一二三四"的声音犹如空谷回音飘向天际。第一次走进大队的我享受着一路上的人工翠绿，欣赏着久违的美丽。于是，我在心里写下了人生中第一首苦涩而甜蜜的诗歌：

> 我在笼子里飞翔，
> 翅膀僵硬难飞扬。
> 千米高墙犹如枪，
> 难敌毒魔将我降。

　　大队的习艺工厂大得像个足球场，五六百人按顺序入座。分配工作后，我有种窒息的感觉，因为除了剪刀的咔嚓声和自己的心跳声外，只听得到针落在地上清脆的回响。

　　清晨、中午、夜晚，劳动、教育、大会小会周而复始。我的心在厌倦中计算着分分秒秒，而海洛因（俗称"白粉"）犹如洁白的粉笔在生命的黑板上写着"我等你!"于是，我白天麻木，夜晚总是在梦里尽情地享受着灰飞烟灭的快乐。起床的号角犹如死亡的呼唤，我的美梦一次次被歌声淹没："五星红旗迎风飘扬……"

　　第一年，我已经将高墙看成了句号，仿佛世外高人将生死置之度外。于是，我消极怠工、打架闹事、拉帮结派，视所规队纪如无物。大队干事、队长、领导的谆谆教诲，我都视为敌人的糖衣炮弹。彼时彼刻，我的信念只有一个："我只是一个卑微的奴仆。"白天，我呆呆地眺望着窗外。远方传来的汽车喇叭声勾起了我无尽的思绪，思绪随着呼呼的北风飞越千山万水，在青春、爱情、幻想与回忆中翱翔，飞来飞去一不留神又飞进了毒魔的宫殿。

　　夜晚，我呆呆地仰望着星空。似乎在这片属于自己的夜空里寻找着秘密。我突然发觉时而也会有月光朦胧自己的双眼，那是一闪而过的内疚的泪花，滴落成一首伤感的诗行：

> 我用爱情编织一张网，把自己伤害;
> 我用梦幻编织一张网，把自己迷失;
> 我用谎言编织一张网，把自己欺骗;
> 我用坚强编织一张网，把自己撞碎。

　　围墙内的时间像坏了的时钟，连秒针都气喘吁吁地像乌龟一样缓缓爬行。春、夏、秋、冬，每一个季节都像块沉重的石头，我只能用那可怜的减法来度日。三年的戒毒时光，前两年却根本没有想过要戒。消极怠工、违纪，还被加了三次期。到了第三年，和我一起来戒毒的湛江籍人员全部都出去了。后来，我又因打架被调到三大队五分队，由于自己性格固执、孤僻、偏激，几乎没有民警能够走进我的心灵。但黄干事的出现，却改变了以往我对民警的看法。

有一天，我全身发热，头昏脑胀，四肢无力，知道自己感冒了，而且病得不轻。但我一直抱着不需要任何人可怜的态度，强忍着没有向民警打报告。在工厂干活时我很疲惫，尽管强装没事，还是被细心的黄干事发现了。于是，他找我谈话，要带我去医务所看病，被我断然拒绝后，他并没有放弃，仍耐心询问劝说。尽管他关爱的眼神让我心动，但我还是拒绝了。黄干事似乎真的要和我"较劲"，他既不发脾气也没有离开我，而是不停地耐心开导我。渐渐地，我麻木的心灵开始复苏了。黄干事说了一句至今仍回响在我耳畔的话："你继续这样下去，没有人能够帮你，因为你的敌人是你自己！"

我终于同意他带我去看医生。我开始感到戒毒所的民警对我是真心关爱的。黄干事从其他戒毒人员口中知道我有胃病，就主动向中队反映，及时给我安排了病号餐，同时在生产劳动上也安排一些相对轻便的工作给我做。母亲也在黄干事的劝说下，终于来所探望我，母亲一见面就对我说："要不是黄干事多次打电话对我耐心劝说，向我反映你在这里的戒毒状况，我这辈子都不想认你了！"那一刻，我泪流满面……

记得有一次，我已经上床睡觉了，黄干事来宿舍叫我。我跟他去了活动室，只见桌子上摆着一个燃着蜡烛的蛋糕和一些水果。正当我困惑的时候，身后忽然响起了一阵热烈的掌声，我猛地回头，只见大队的徐大队长、赖干事、李干事、黄队长……一齐向我走了过来，异口同声地说："黄辉，生日快乐！"徐大队长走了过来，握着我的手亲切地说："黄辉学员，生日快乐！祝你早日与家人团聚！"大队领导、民警们个个热情洋溢……

在民警们不断的关心帮助下，我开始反思自己。二十多岁的我曾经有一百多万身家，在家乡算是风光的人。现在却一无所有，出去后怎么面对这一切呢？

初中时我就失去了父亲，母亲将我们兄弟俩带大。现在母亲年纪大了，而弟弟也染上了毒瘾。如果我不戒掉的话，这个家就没了。于是，我开始认真思考戒毒这个问题了。我想大多数人戒不掉，是因为太自私了，从没去想过这给亲人带来的痛苦。

2002年春天，我终于解戒了，带着兴奋的心情回到家，但是回到社会的第一天我就再也开心不起来了。人们鄙夷的眼光瞬间将我淹没，没有人相信我能戒掉毒瘾。

以前的朋友也不愿意接近我，怕我开口借钱。我只有孤独地忍受着这一切，有时候晚上无聊又睡不着，我就买瓶便宜的白酒喝。有时候夜里肚子很饿，随便借十块钱就可以解决，但我还是忍了，也许这是我最后的尊严。

我用一年的时间忍受孤独和寂寞，让人们相信我能戒毒，"粉友"的诱惑我都果断拒绝了。解戒后的第二年，我想是时候做点事了。于是我放下以前所谓的面子，找了个饭堂，以向其供应食材为生，这样自己有钱花了，心情也好多了。后来又找了家饭店供应海鲜，以前我都是到饭店吃饭消费，现在是给饭店捞鱼虾，但觉得充实很多。人们也开始重新接纳我了。在这关键的一年里，我的许多"粉友"都因为无所事事而自甘堕落又走上了不归路。

2005年的劳动节是一个难忘的日子，这天我成立了自己的公司。虽然未来的路还长，但我坚定了方向和信念。2007年，我买了第一辆轿车，并建了一幢房子。第二年结了婚还有了一个孩子，感觉幸福而满足。然而由于压力和社会的风气，有了钱后我又失去了方向，天天和一帮朋友迷失在娱乐城里，过上了不醉不归的荒唐生活。日子如流水，转眼我已解戒十几年了。毒虽然戒掉了，但我又厌倦了充满压力的生活。眼看着经济不景气，我的生意也不太好做了。同行们都垂头丧气，甚至在街头买醉。

在人生的另一个转折点，我又一次惊醒了。重新思考应该做一个怎样的人才更有意义。挣钱上，我算是成功了两次。戒毒后的成功来得艰难困苦，但有钱后又失去了方向。我总觉得缺了点什么，应该再次去改造一下自己的灵魂。我觉得可以不做个有钱的人，但至少要做个有价值的人。于是，我选择了远离朋友和喧嚣，看书、种盆景、运动，开启我的另一种生活，我学会了去仰望些什么。诗歌、医学、道家、佛教经典我都看，尽情地吮吸着古今中外的文明成果和智慧。顺着这些智慧的灯光，我终于找到了人生的方向。经云："一灯可除千年暗，一智能灭万年愚。"

然而，经历了这么多年的刺激生活，要想静下心来谈何容易。于是我又做出了人生中和戒毒一样重要的决定：戒心。所谓戒心，是指修身养性，就如佛教经典中所说的那样将浑水置于容器中，让它慢慢地沉淀。因为我知道，只要有和戒毒一样的决心和意志，一定会成功的。

于是，我又如戒毒般地去忍受孤独和寂寞。我渐渐感觉到了另一种愉悦，那是一种言语无法形容的快乐。

每天，我都在不断超越自我、升华自我。终于，我懂得了，每个人的心都是一个世界，心平则世界平，心宽则天地广。我们不应该去埋怨，而应该去爱，爱自己才能爱他人，爱他人才会爱自己。在短暂的人生中，去领悟真谛，用平等、柔和、善良和爱去战胜自我。

【采写手记】

这是一篇广东省湛江籍戒毒人员真实的自述。虽然我们不能了解他的全貌，但可以从中窥见他如何走上歧途，以及怎样走向新生的转变轨道。他的转变，既有个人的努力，也有亲情的感召，更有戒毒民警无私的付出。从黄辉的事例中，我们可以得到以下启示：

第一，理解和关爱是成功戒毒的前提和基础，要用理解和关爱去挽救他们，用爱心去呵护他们。黄辉的转变正是民警们用真情和爱默默教育、感化、挽救的结果，对他们的教育挽救，要灌注真情、克服困难。黄辉与其他戒毒人员一样，在戒毒的道路上并不是一帆风顺的，而是布满了荆棘和坎坷，有反复，有波折，有明媚的阳光，更多的是凄冷的寒夜。但民警们不仅没有放弃，还做到了以情感人、以爱救人，将他从绝路上拉了回来，引入正轨。

第二，社会的接纳和关注是戒毒操守保持的关键。在戒毒所，民警可以循循善诱，无怨无悔，给他们援助，引导他们走向新生。但回归社会后，如果遇到的都是冷眼和歧视、失业和贫困，他们就有可能再次沉沦。愿全社会都来关爱、帮助和挽救这些在毒潭中挣扎的生命。

（采写人：黄 韬）

毒瘾，让赵华丧失了做人的尊严和良知，他想方设法甚至以死相逼让家人拿钱给他吸"白粉"……但是一双双圣洁的手，最终让他走向新生，重回幸福的彼岸。

浪子回头金不换

赵华（化名），男，2010 年进入戒毒所，一年多后解戒，至今保持戒断未复吸 7 年。现在的赵华靠自己勤劳的双手，过着普通而踏实的日子。

无知　少年失足深陷毒窟

赵华出生在一个商人家庭，父母很早就去了香港做生意，留下他和妹妹在家生活，父母时不时会寄钱给他们。由于父母常年不在身边，加上身上有钱，16 岁读完初中便辍学在家的赵华，整天沉迷于打游戏、泡酒吧，游手好闲，并结识了一些不良朋友。一次，朋友拿了一样东西让他吸一口试试，说这东西很神奇，吸了之后感觉非常舒服。年少无知的他，经不起朋友的极力劝说和诱惑，出于好奇试着吸了一口，可没有想到这一试就再也放不下了。

从 1989 年尝试过第一口"白粉"之后，赵华慢慢地发现自己再也离不开它了。刚开始，朋友免费提供"白粉"，等到赵华再也离不开它的时候，朋友就开始收费了，从几十到几百、上千元不等。当时赵华没有工作，只能变着法儿向父母要钱。短短几年时间就花光了家里 60 多万元积蓄，没钱便找亲戚朋友借，亲戚朋友被他借怕了，见了他就躲。从此，赵华成了一个人见人怕的"瘾君子"。

毒瘾，让赵华丧失了做人的尊严和良知，他想方设法甚至以死相逼让家人拿钱给他吸"白粉",家人无奈,只好把他送去戒毒所。赵华到过多家自愿戒毒机构戒毒,不仅没有戒掉毒瘾,反而变本加厉,吸得更加厉害了。就这样,妻子因绝望离开了他,年迈的父母也被气得卧病在床。俗语说,从恶如崩。人一旦染上了毒瘾,境况就是如此。2010年,赵华被东莞市公安机关送到了三水某戒毒所强制隔离戒毒。

不弃　润物无声唤新生

刚进戒毒所的时候,赵华心灰意冷,情绪低落,沉默寡言,既不与其他戒毒人员交流,也不愿参与民警组织的教育矫治活动。但是,民警没有对他失去信心,始终耐心地开导,一次又一次找他谈心,耐心地给他讲解国家的法律法规,讲解毒品的危害、人生的价值,想方设法帮他树立戒毒的信心和决心。一次、两次、十次、二十次……慢慢地,赵华紧闭的心扉被打开了,开始接受民警的教育矫治,思想态度比以前端正了,康复训练、习艺劳动也较以前积极了。同时,针对赵华因长期无家人到所探访,生活比较困难的实际情况,民警们给予他无微不至的照顾,自己掏钱给他买了牙膏、毛巾等生活用品,一有病痛就陪他到医务所就医,这些行为都令赵华既吃惊又感动。

"心病还须心药医。"为帮助赵华戒除心瘾,戒毒所充分发挥心理矫治的功能手段作用,安排专职心理咨询师对赵华进行心理矫治和心理康复训练,帮助他增强戒毒动机,树立戒毒信心,逐步摆脱对毒品的心理依赖。在戒毒所一年多的时间里,通过科学系统的心理康复训练,赵华的心理健康水平得到了很大的提高,戒毒动机逐渐得到了强化,遇事不会像以前那样容易悲观失望,应对挫折的能力也大大提高了。

"亲情是戒毒的一剂良药。"戒毒人员由于长期缺乏家人的关爱,更容易产生自暴自弃的心理。如果能够帮助戒毒人员修复亲情,帮助他们获得家人的理解和支持,那么他们戒断毒瘾的决心会更大、意志也更坚定。为此,戒毒所以帮助赵华修复亲情为切入点,通过组织开展传统国学教育、组织举办戒毒人员亲情情景剧观摩比赛,以及邀请赵华的父母、妹妹等亲人来所帮教等形式,进一步唤醒了赵华的良知,使他对自己过去的吸毒行为产生了强烈的忏悔,衍生出补偿亲人的心理。

那是一个令赵华终生难忘的电话。一天,值班民警安排赵华打亲情电话回家,电话中赵华得知在家中卧床不起的老父亲刚刚去世,父亲临终前只留了一句话:"阿华啊,我们再苦再累无所谓,关键是你能正正经经、踏踏实实地做人啊！只要能让你重新做人，哪怕赔上我这条老命，我也无怨无悔。只可惜我再也看不到你戒断毒瘾了。"听罢，赵华号啕大哭，捶胸顿足，连声说着他对不起父亲，对不起家人，跪在地上久久不愿起来。

在戒毒所一年多的时间里，赵华深刻地认识到了毒品的危害，认识到了自己吸毒的原因和教训，学会了抵制毒品的诱惑，不良行为也得到了干预和矫正。不仅有了家庭和社会的责任感，身体也壮实多了，意志力也在增强。由于他积极努力戒毒，得到了减期奖励，2011年10月，在民警殷切的叮嘱中，赵华提前重返社会。

帮扶　回归路上有你有我

赵华能保持戒断未复吸7年，这和戒毒所目前正在大力推行的"延伸帮戒"密不可分。所谓"延伸帮戒"，就是戒毒所根据戒毒人员矫治效果和所处社区环境，开展以社区戒毒指导、社会帮扶、跟踪帮戒、戒毒质量跟踪调查等为主要内容的帮戒活动，是戒毒所工作链条向社会延伸的一种形式，是帮助戒毒人员巩固戒毒操守和戒毒效果的一种矫治方法。

赵华出所的那年，恰逢戒毒所与东莞市戒毒办探索建立所地合作机制，在东莞凤岗镇成立了全国首个社区戒毒社区康复工作指导站，为从戒毒所解戒回归的戒毒人员提供戒毒支持和指导。刚从戒毒所回归社会的赵华，默默地承受着家庭的贫困、对女儿的亏欠、亲友邻居的怀疑甚至漠视所带来的痛苦。为了彻底与以前的毒友断交，赵华平时很少走出家门。他心中只有一个信念：为了家、为了女儿，一定要坚持住，只要勤劳，就一定能挣口饭吃。

由于在戒毒所时赵华参加过加工电子产品和玩具产品的习艺劳动，懂得其生产流程，而且做工手法娴熟。指导站的民警便积极与加工合作厂家联系，帮其在离家不远的一家玩具厂找到了一份稳定的工作。赵华告诉笔者，这份工作他做了一年多，虽然每个月只有2 000多元，但也能解决生计问题。他切身感受到了在戒毒所学习技能带来的好处，一技之长让他有了立足社会的底气，坚定了戒毒的信心。

在工厂工作一年多后，经社区警务室尿检合格，赵华被安排到村委会当治安员，每月工资3 000多元。不仅收入增加了，还得到亲戚朋友以及社会的认可，他戒毒的信心更足了。有一次，他无意中碰到以前的毒友，当以前的那些"朋友"在他面前"嗨"（吸毒）的时候，他也不为所动，甚至有一种呕吐的冲动，再也不想沾那个东西了。临走时，还以自身戒断的事实苦口婆心地劝告他们"毒海无边，回头是岸"。

现在的赵华生活自在充实，工作之余还常常参加禁毒社工的一些宣传活动。他希望通过自身的亲身经历，帮助更多青少年和已经沾上毒品的人认清毒品的真面目和吸毒所带来的严重危害。

【采写手记】

通过赵华的戒毒经历我们不难看出，戒毒是一个复杂而艰难的过程，是一个整体工程。赵华戒断毒瘾至今已有7年，首先要靠他本人戒毒的决心。当然，一个完美的戒断犹如一个鼎，光有决心还不够，还需要有"三足"，缺一不可，稍微放松警惕就很容易复吸。

良好的所内矫治是"第一足"。戒毒所完善的硬件设施、舒适的环境，专业的教育矫治民警团队，能够帮助戒毒人员正确认识毒品的危害，养成良好的行为习惯，提高回归就业的能力，练就坚强的拒毒意志。

亲人的理解支持是"第二足"。亲情的慰藉是戒毒人员戒毒的动力源泉。在与赵华交谈的过程中，我们明显感觉到其家人对他戒毒决心的影响。妻子的离开对他而言是当头一棒，父亲的离世使他痛下决心戒毒，女儿的关心则让他有了更强的戒毒动力。

社会的关心帮助是"第三足"。延伸帮戒是巩固戒毒效果的重要方式，决定着戒毒效果保持的长短，决定着戒毒人员能否最终戒毒。而延伸帮戒需要社会的理解，特别是政府的支持，包括村委、社工、警务室等部门的联合帮扶。赵华说，他之所以能坚持这么多年，跟戒毒所的追踪、回访、关心以及当地政府的大力支持与帮助是密不可分的。

从开始强制隔离戒毒算起，赵华已经远离毒品7年了。他的经历再次告诉我们——戒除毒瘾不是神话。只要坚定戒断毒瘾的决心，拥有良好的所内矫治、亲人的理解支持和社会的关心帮助这"三足"，成功戒毒不是梦！

（采写人：李晓春　罗怀忠　孙照远）

陈伟无法正常面对自己的母亲，一方面，他对母亲报警将自己送去戒毒感到不满，心怀恨意；另一方面，他又对母亲的养育之恩难以忘却。

重　生

陈伟（化名），男，未婚，父母离异。母亲是机关工作人员，生父做生意，家庭条件较好。2013年，他在家中吸食海洛因，母亲报警，当地公安机关上门将其抓获，随后将其送往广东省某戒毒所强制隔离戒毒。2015年1月，陈伟解戒，重新回归社会。

优秀青年误入歧途

陈伟原本有一个幸福的家庭，他是家中独子，从小聪明乖巧，学习成绩优异。然而，14岁时父母的离异，彻底改变了陈伟原本的生活轨迹。父母离异后，陈伟跟随母亲生活，这一家庭变故也在他的内心埋下了叛逆的种子。之后，陈伟的母亲因为工作忙碌，就将陈伟送往一家寄宿学校就读。陈母对儿子期望很高，希望他能出人头地，于是就在生活上给陈伟设置了诸多条框，限制其与外界过多来往。但没有想到，这反倒激起了陈伟内心的叛逆。

陈伟在一些不良朋友的教唆下，慢慢学会了抽烟。后来，又跟着同学去迪厅蹦迪、文身。再后来，开始逃课，甚至彻夜不归。陈母虽然知道这些情况，但苦于单亲家庭的压力及个人的原因，只能更加忘情于工作，对陈伟只是口头教育，寄希望于用物质来满足他。由于缺乏沟通理解，母子间的隔阂越来越大，他常常和朋友吃喝玩乐，而内心却朝着空虚的黑洞越走越远。

终于，2006年，在他人的诱惑下，陈伟吸食了第一口K粉，从此便一发不可收拾。之后，他又转吸冰毒、海洛因、麻古等毒品，他抱有侥幸心理，认为只是偶尔"嗨"一下，不会有什么事的。但该来的终究还是来了，2007年，陈伟因吸食冰毒被公安机关抓获，陈母得知后悲痛不已。后来因陈伟仍在求学阶段，公安机关对其进行劝诫后，将其送往社区戒毒中心。陈伟也因受到教训，停止了吸毒。

然而好景不长，在叛逆心理以及毒瘾的双重驱使下，陈伟开始复吸。2013年，陈伟在家中吸食毒品时被母亲发现，母亲万般无奈之下断然报警，公安机关遂将其抓获并送往某戒毒所强制隔离戒毒。

客观上讲，陈伟个人问题的发生、发展，有其家庭和社会环境的多重原因。从心理学角度上分析，则是因陈伟性格敏感、意志力不坚定、追求完美。

民警教育助重温亲情

初到戒毒所大队时，陈伟表现得烦躁不安、精神不集中、失眠、容易动怒，很难与其他戒毒人员相处。

为了帮陈伟解开心结，大队及时成立了转化攻坚小组，制订针对性的教育转化方案，力求让陈伟正视现实处境，尽快回归平和心态。第一，开展心理危机干预及情感宣泄治疗，对其采取心理安抚措施，使其平缓情绪。第二，开展个别谈话教育和思想引导，辅以合理的情绪疗法，促使其认知态度转变，积极面对人生。第三，运用情景剧拒毒训练等辅助教学，调动其学习积极性，使其投入到正常的教育矫治活动中。

1. 情感宣泄治疗

针对陈伟表现出的烦躁不安、精神不集中、容易动怒等情况，大队民警及时采取了心理危机干预及情感宣泄治疗方法，使其尽快平缓情绪。

"沙盘游戏治疗"是目前国际上很流行的心理治疗方法。它被广泛应用于儿童、大学生的心理教育与心理治疗上，在成年人的心理健康诊所中也深受欢迎。其治疗原理在于通过唤起童心，使人们找到回归心灵的途径。一些身心失调、社会适应不良、人格发展障碍等问题都可以通过"沙盘游戏治疗"得以有效化解。

静心脱瘾训练是通过运用音乐和引导语，让戒毒人员自然地投入毫无压力的环境当中，释放压抑已久的情绪，呼吸新鲜的空气，拥抱美丽的大自然。通过一系列科学的、系统的训练，促使戒毒人员及时调整心态，强化戒毒动机，找回自信心，继而坚定戒毒信念，自觉远离毒品。

经过若干次心理危机干预以及情感宣泄治疗，陈伟的不良情绪得到了有效释放，心灵得到净化，情绪也明显缓和了，能正常地与人交往，也不再烦躁、紧张和易怒。

2. 个别谈话教育及合理情绪疗法

在个别谈话教育过程中，民警借用合理情绪疗法对陈伟进行思想引导，促使其认知态度发生转变，积极应对人生。

合理情绪疗法（理性情绪 ABC 疗法）认为，使人们难过和痛苦的不是事件本身，而是对事件的不正确解释和评价。事件本身无所谓好和坏，但当人们赋予它自己的偏好、欲望和评价时，便有可能产生各种无谓的烦恼和困扰。如果某人有正确的观念，他就可能愉快地生活；否则，错误的思想及与现实不符的看法就容易使人产生情绪困扰。因此，只有通过理性分析和逻辑思辨，改变造成他人情绪困扰的非理性观念，并建立起合理、正确的理性观念，才能帮助他人克服自身的情绪问题，以合理的人生观来创造生活，并以此来维护心理健康，重塑信心，促进人格的全面发展。

在一次谈话过程中，陈伟说，由于自己本身对家庭要求完美，父母离异后没有体谅母亲的辛苦，自己又比较爱面子，在生活中不注意细节，得意时忘乎所以，失意时就把原因全归结到缺少母爱上。自己平时很少找母亲谈心，而且也不关心母亲的内心想法，总希望她能按自己的观念处事，对自己多些关心，多陪在自己身边。一旦与母亲发生观念上的差异，就用争吵的方式解决，直到母亲被迫接受自己的要求。然而，时间一长，自己与母亲的隔阂越来越深，自己认为母亲不关心自己，母亲又觉得儿子不懂事，没办法与儿子沟通。第一次吸毒可能是自己贪玩所致，但之后的复吸，却深深地伤透了母亲的心。

民警就陈伟的具体情况，提出了几点与其不合理信念相对应的预期合理信念，鼓励其调整不合理信念，回归正面、理性的信念。

陈伟进行"自我辩论"形成的信念与民警引导的合理信念对照（引导＋预期）

不合理信念（引导）	合理信念（预期）
母亲送自己来戒毒所就是漠视自己的自由	母亲是希望自己能在戒毒所里把毒戒掉
父母一定要疼爱子女，不能让子女吃一丁点苦	父母让自己吃点苦，是为了让自己更快地成长、懂事
母亲必须每天在家陪着子女	母亲辛苦工作也是为了家庭和自己
母亲给自己钱花是变相地对自己不关心	母亲给自己钱花是希望让自己过上好的生活
母亲对子女的关心和爱护一定要主动表现出来	母爱是天地间最真挚的爱，但有时并没办法用语言表达
一旦进了戒毒所，人生就都完了	虽然进了戒毒所，但只要肯下决心戒毒，人生还是光明的
以后出去没办法和母亲相处了	"百善孝为先"，要体谅母亲，理解母亲的痛苦
不再相信亲情	只要我能戒毒，亲情会回到我身边的

通过引导教育，陈伟对自身与母亲的关系有了进一步的认识："现在我发觉自己在某些方面对母亲要求太高了""母亲其实是很关心我的，只是她没有说出口而已""如果不是母亲辛苦工作，哪有我身上的新衣服，哪有我天天好饭好菜，不愁吃不愁穿""我可以再和母亲谈一谈，我知道她送我进来，其实是为了我好，我现在并不觉得进了戒毒所就一切都完了""我觉得只要我真的把毒戒了，人生还是有希望的"。通过与不合理信念的辩论，陈伟认识到了自身认知上存在的偏差，思想态度有了明显转变，重新感受到了母爱的温暖。

3. 情景剧拒毒训练

情景剧拒毒训练是通过角色扮演、创设情景的方式，使戒毒人员身临其境地体验到回归社会后可能面临的导致其复吸的高危情景，引导其找到适合自身情况的拒毒方法，如"直接拒绝"和"救命30秒"等，同时强化模拟训练，减弱环境刺激对戒毒人员的影响力，达到弱化和消融其曾经建立的条件反射，进而增强其拒毒定力的训练方法。

陈伟原毕业于广东某外语艺术学校，大专学历，具有一定的舞台表演天赋，被抓获前曾在广州某机构担任现代舞教师。民警根据陈伟的性格特点和专长，组织了若干次情景剧拒毒训练，让陈伟参与，刚开始他的态度并不积极。但是，当看到其他人的展示时，陈伟不由地笑出声来。第一次情景剧拒毒训练结束后，民警找陈伟谈话，并问及其在课堂上发笑的原因。陈伟有些不好意思地说："我只是觉得他们演得一般般，有点滑稽罢了。"民警因势利导，马上询问道："那你愿不愿意在下一次训练的时候上来展示一下呢，我知道你是学艺术表演的，还会跳舞，不要推辞啊！"陈伟笑了笑，说："好，那我就试一试吧，希望大家别笑我就是了。"

第二次训练时，陈伟上台表演了一个角色，因为语言动作准确到位，情感展现真实，博得了大家热烈的掌声。据此，在接下来的情景剧拒毒训练当中，民警继续安排相关角色让其发挥自身特长和优点。几次训练下来，陈伟的自信心得到了很大的提升。在第三次情景剧拒毒训练中，陈伟主动讲述了自己的家庭情况，希望大家能帮他找到解决问题的办法。经过激烈的课堂讨论，大家帮陈伟想到了办法，就是多些理解，多些包容，多些沟通。民警请陈伟先向大家展示原来的自己，并从现场找一位戒毒人员扮演他的母亲。最后，再进行角色互换，让陈伟亲自扮演自己的母亲。

第三次训练结束后，民警找陈伟谈话，却发现眼泪一直在其眼眶中打转，他说："警官，我终于知道母亲的痛苦了，她真的很不容易。在刚才的角色互换中，我第一次扮演了母亲的角色，这也是我第一次站在她的角度去思考问题，去面对我这个'儿子'，我发现自己真的很不孝啊！其实，母亲从小就特别疼爱我，为我默默地奉献一切，而现在，她独自抚养我，要付出比以前更多的精力，我……我真不孝啊！"经过数次的情景剧拒毒训练，民警发现陈伟的精神状态较之前有了明显的改观，也不再回避母亲的话题了，而是侃侃而谈，处处流露出对母亲的怀念与感恩。

2014年"6·26"国际禁毒日活动之际，大队征得陈伟同意，邀请他的母亲

来所进行亲情帮教。陈伟的母亲是机关工作人员，由于工作表现优异，最近正接受组织的晋升审核。一些同事还建议她不要到这里来，生怕影响她的工作形象。但陈母毅然选择前来，她好久没有见到自己的儿子了，她也想念儿子。在帮教现场，陈伟见到了母亲。望着双鬓斑白的母亲，他再也压抑不住内心的激动，冲上前紧紧拥抱母亲，泪如泉涌。陈伟的母亲也泣不成声。随后，陈母还现场接受了电视台的专访。她坦言，儿子现在，无论是思想意识还是精神面貌，比起以前都有了很大的改观。她自己都不敢相信，才一年多没见，儿子就有这么大的进步。她感谢戒毒所民警对儿子的耐心教导，也坚信儿子这次一定可以戒除毒瘾，重获新生。这一期电视专题采访随后经电视台在全省范围内播出。大队民警也组织全体戒毒人员一同观看，引发了强烈的反响。经过这次活动，陈伟与母亲的隔阂彻底消除，他再次收获了宝贵的亲情。

在接下来的日子里，陈伟一改以往的沉默、烦躁和拒人于千里之外，他变得乐观向上，主动与人交流，戒治表现优异。期间，他还代表大队参加了所里举办的各种类型的知识竞赛和文体表演，充分发挥自己的特长。他的优异表现，得到了大队民警的一致肯定。

获得新生　回归社会

因各方面表现优异，陈伟获得了减期奖励，于 2015 年 1 月提前解戒。解戒当天，他紧紧握住民警的手，连连道谢，并且表示，一定牢记大队民警的教诲，坚定信念，重新做人，不再触碰毒品。民警鼓励其要坚决地与毒品划清界限，开启新的人生。最后，民警还告知其大队的咨询热线，鼓励其若再遇到毒品的诱惑或其他困扰时，可来电咨询求助。

解戒后的一次回访中，陈伟欣喜地告知民警，自己已经在佛山找到了一份不错的工作。原来，解戒后，陈伟没有回老家肇庆，而是选择了留在佛山。据他了解，以前一起玩的那些朋友，或多或少都还遗留着毒瘾。为了不重蹈覆辙，他决定远离那个高危环境，选择一个新的环境，开启新的人生。戒毒所如同一个给他新生命的地方，短短一年多的时间，他学到了很多为人处世的道理，也更加懂得了如何拒绝不良的诱惑。更难得的是，这次戒毒还让陈伟重获了宝贵的亲情。他相信，留在这里，自己一定会有一个新的开始，一定可以真正戒除毒瘾。

陈伟解戒后的第一份工作是在一家培训机构担任教育培训人员，这正好与他所学的专业挂钩。工作之余，他通过网络等渠道了解当今的社会形势以及用人单位的用人需求，不断提升自己的专业知识和技能。后来，他曾面试进入某电子科技股份有限公司。如今，他就职于佛山某电信有限公司，成为一名高级业务人员，并享受优厚的福利待遇。

如今陈伟解戒已3年，依然未复吸。在最近的一次回访中，他还向民警诉说因为工作忙，连谈恋爱都没有时间，但生活很踏实、安然，自己也因此长胖了不少。如今的陈伟，生活步入了正轨，正如凤凰涅槃，浴火重生。

【采写手记】

从这一案例我们可以看出，细致和耐心是正确处理戒毒人员心理问题的关键。戒毒人员普遍意识形态扭曲，自卑、情绪低落，管教民警必须有足够的爱心和耐心，才能走进他们的内心，挽救他们扭曲的灵魂。

除此之外，还应讲究针对性的方式方法，如本案例中采用的情景剧拒毒训练，通过角色扮演和角色互换，让戒毒人员深切体会亲人的感受和痛苦，进而理解和包容亲人，具有一定的可操作性，实践中可以作为打开戒毒人员心扉的突破口。

除了戒毒所内的教育矫治，戒毒人员解戒后的延伸帮戒工作，同样不可忽视。任何正面的、积极的、阳光的心态和人格的塑造，都需要一个漫长的过程，尤其面对的是一群曾经误入歧途的人来说，更是任重而道远。因此，戒毒所应该及时做好解戒人员的信息采集录入工作，建立帮扶或咨询热线、QQ、微信等联络平台，帮助解戒人员巩固戒毒操守；及时做好解戒人员戒毒质量跟踪回访调查，为其提供政策及法律知识方面的帮扶。此外，还应与戒毒康复所、社区戒毒辅导站，各社区、街道、政府戒毒办通力合作，形成联动，打造延伸帮戒平台，给社区戒毒和社区康复工作提供理论技术支持。

（采写人：陈孟禧）

当熊平的姐姐带着母亲第一次出现在大队时，熊平当场痛哭。姐姐说："你安心在这里戒毒，我会照顾好母亲，只要你戒毒成功，什么都值得！"经过这次家属来所帮教，熊平的戒毒态度有了明显改变，他终于明白，只有自己成功戒除毒瘾，才是对亲人最好的回报。

走过灰色的昨天

看着熊平（化名）矫健的身躯和充满活力的脸庞，谁也看不出他曾经是位"瘾君子"。听着熊平家人说起他回家后的点点滴滴以及面对种种诱惑时的选择，一种新生的感觉就像萌芽的绿叶油然而生。谈起以往的蹉跎岁月，熊平感慨不已："感谢戒毒所，让我和我的家人获得新生。"

熊平，男，父亲因病早逝，与母亲一起生活，母亲是一名家庭主妇，一家靠务农、房屋出租和村里分红等为生。在上中学前，熊平是村民眼中的乖乖仔。不曾想，20世纪90年代初，深圳开始经济大发展，初中毕业后熊平选择了辍学打工。随着当地经济发展，村里分红、房屋出租等收入的水涨船高，他从外出打工转向回家收租，慢慢地做起了"包租公"。后来跟着村里的无业青年，学着设赌收账，学着灯红酒绿，学着自认为最潮流、最时尚的"溜冰"（吸食冰毒），一步步地走向了堕落。

2004年1月，熊平第一次吸食冰毒；2010年10月，他因吸食冰毒被行政拘留；2011年9月，因吸食冰毒他被送广东省某戒毒所强制隔离戒毒；2013年6月，解戒后至今一直未复吸。

年仅23岁，有着7年吸毒史的他，戒毒的过程可谓是一次人生蜕变的过程。

润物无声促转化

初入戒毒所的熊平面无表情、目光呆滞、脸色蜡黄、全身乏软，不想吃饭，对民警的询问爱理不理，抵触情绪较强。开始，民警认为这只是戒断综合征。一段时间后，熊平情况并没有好转，反而变得更加沉默寡言，在夜深人静时偶尔还会哭泣。针对这一现象，戒毒所民警对熊平的思想情况进行研判，分析其出现这种情况的原因可能有：一是在外面因贪玩、好奇、无知，认为吸毒是个很时尚的事情，被抓后才知道毒品的危害，觉得自己的人生一片空白；二是家中收入稳定，经济条件较好，导致自身缺乏吃苦耐劳的精神，一谈到习艺劳动就想避重就轻，逃避习艺劳动；三是对回归后的生活缺乏规划，对未来产生恐惧感。

于是，民警对熊平展开有针对性的教育矫治：一是分工合作。一方面，淡化其对强制隔离戒毒的抵触心理，促使其慢慢融入戒毒大队的生活生产；另一方面，鼓励其利用戒毒的两年时间给自己算一算亲情账、经济账，好好给自己的前半段人生做个总结，不断去分析改进。二是谈心谈话。以正、反两方面典型为例，以多考虑家人为题等多角度进行教育。同时，对其进行法律道德意识和戒毒常识教育。在民警长期不懈、耐心细致的教育引导下，熊平幡然醒悟，想到自己在外时的荒唐人生，悔恨不已。慢慢地，他开始与民警交流、倾诉、谈心，开始参与所里组织开展的各项教育矫治活动，开始给自己定目标下任务，开始争取大队的各项奖励，开始慢慢让自己走向成熟。

看到熊平的转变，大队在组织家庭帮教活动中及时邀请了熊平的家属来所帮教。当熊平的姐姐带着母亲第一次出现在大队时，熊平当场痛哭。姐姐说："你安心在这里戒毒，我会照顾好母亲，只要你戒毒成功，什么都值得！"经过这次家属来所帮教，熊平的戒毒态度有了明显改变，他终于明白，只有自己成功戒除毒瘾，才是对亲人最好的回报。民警的教诲、亲人的叮嘱如春风细雨滋润着熊平，他坚定了要戒除毒瘾的信念。

在戒毒时间满一年时，民警发现熊平对统计十分感兴趣，善于对货物进行分类和统计，便鼓励其发挥特长，积极学习管理。经过培训，熊平成功当选仓库管理员，协助民警对习艺物料进行分配和安排。2013 年 6 月，熊平因表现突出，获得减期奖励，得以提前解戒出所。

延伸帮戒获新生

2013 年回归社会后，熊平认为自己一定不能无所事事，不能重回旧路。因为，一个戒毒人员要想在社会上立足并非易事，想让人信任更是难上加难。一开始，熊平隐瞒了戒毒人员的身份，应聘了几家工厂，都顺利进入，但身份暴露后，厂方都会以各种理由将他辞退。仅仅半年时间，熊平就换了四份工作，两次进厂，一次做销售，一次跑运输。熊平在这段时间里特别无助：难道我要走回旧路才能体现自己的人生价值，像之前那样设赌收账，灯红酒绿？

就在熊平摇摆不定，情绪陷入低谷时，他的姐姐致电戒毒所向民警求助，希望民警能给熊平一些支持和鼓励。

民警迅速对他进行回访，告诉他这些都是正常现象，如果事事都顺心如意那也就没必要坚持和选择了。要懂得坚定自己的信念，懂得选择方向，才会有不一样的人生。半年，这么苦都熬过来了，不能白费了……最终，熊平坚定了自己的信念，坚信自己能自觉抵制毒品，选择继续找新的工作并坚持做好每一件事情。

2014 年，熊平在亲戚的介绍下，认识了陈某。年近 36 岁的他终于迎来了人生的春天，他恋爱了。2015 年 9 月，他牵着陈某的手步入了婚姻殿堂，还特意邀请了戒毒所的民警参加婚礼。

婚礼上，熊平当着亲戚朋友们的面，宣读了早已经准备好的"军令状"："本人熊平，从 2013 年来未再沾染毒品，今后为了家人，为了家庭，为了关心、爱护我的人，在此立下'军令状'，请大家放心，我会远离毒品。"

他妻子说，一个曾经做错事的男人，如果有了新的人生目标，肯定不会再走回头路。2015年底，熊平和妻子迎来了他们爱情的结晶——一个健康的男孩，他升级做父亲了。儿子的出生给熊平带来了根本性的转变，他的"军令状"也得到了村委的认可，他进入村委下属的物业管理公司工作。社区和司法所经常回访，鼓励熊平要坚定信念、不忘初心。这一切让熊平更坚定了对家庭和未来生活的信心。

2016年底，他家又喜添一个女儿。现在的熊平儿女双全，是个上有老、下有小的家庭支柱，可以凭借个人意志，抵制毒品的诱惑，过着自食其力、自立自强的生活。

【采写手记】

熊平成功戒除毒瘾的事迹就像一朵湿漉漉、沉甸甸、红艳艳的花，给其所在的社区增添了一抹亮色，令整个社区呈现出一派花团锦簇的景象。熊平有近10年的涉毒经历，戒毒回归社会后一直保持戒断不复吸。熊平的个案经历有以下四个启示：一是懂得感恩。懂得感恩的人往往会把民警的关心和亲人的关爱转化为动力，这是他们重要的戒毒信念来源，但这类型的人有时会钻牛角尖，认死理，所以出现问题时我们要第一时间介入，动之以情、晓之以理，逐步让其思想转化成坚定的信念，让其有信心、有动力去面对戒毒。二是寻找生活目标。大部分戒毒人员戒毒、复吸、再戒毒、再复吸，都是因为缺乏生活目标，找不到自己的生活重心。要对其进行引导，让他在打工、创业、学习等多方面进行选择，确定今后一段时间的主要目标，坚定信念去实现目标。熊平幸运地找到了另一半，对美好生活充满了信心，儿子、女儿的到来更让熊平找到了下一个生活目标。三是鼓励优于责骂。不管是在戒毒所内还是在所外，不管是民警还是亲人朋友，对戒毒人员的鼓励效果都要优于责骂的效果，特别是熊平这类心态偏执的戒毒人员，要经过民警、亲人的鼓励才能慢慢调整心态，才会真正去认识自己。四是延伸帮教。戒除毒瘾，仅靠戒毒所是远远不够的，还要依靠亲人、朋友或其他机构和力量的监督、帮助，及时纠偏，给予鼓励。开展延伸帮教有助于我们真正去了解戒毒人员的家庭和生活环境，有助于我们掌握他们回归社会后的动态。要不断完善回访机制，只有不断健全和完善延伸帮教工作体系，戒毒工作才会取得更大的成效。

（采写人：曾华威）

"队长，我身体患有斜疝病，老婆跑了，孩子也被带走了，反正我是不想活了，你们想怎么办就怎么办吧！"

点燃希望之灯

2017 年某日下午，广东省某戒毒所收到了解戒学员庞美良（化名）寄来的一封感谢信。已回归社会 6 年的庞美良，在信中用朴实的语言讲述了自己从误入歧途到家庭破碎，再到戒毒所戒毒磨炼成长，最后重新找回自我的人生经历，并重点回忆了他在所内戒毒时的思想变化和成长过程。

有恃无恐　为所欲为

庞美良，男，因吸毒多次被公安机关强制隔离戒毒。2009 年，庞美良第四次被送往戒毒所强制隔离戒毒。2011 年解戒至今保持戒断未复吸。

庞美良入所没几天，就以身体患有斜疝疾病为由耍赖：民警分配的习艺劳动任务不做，整天躺在地上不是睡觉就是同其他戒毒人员聊天；深夜不睡觉，在宿舍内大声唱歌，影响其他戒毒人员休息；入队的头一个月就因与同宿舍的戒毒人员打架被单独隔离管理。庞美良成了入所时间最短、"出名"时间最快的"赖皮"和"刺头"，戒毒人员个个对其敬而远之，避之唯恐不及。民警多次找其谈话教育，庞美良张口就说："队长，我身体患有斜疝病，老婆跑了，孩子也被带走了，反正我是不想活了，你们想怎么办就怎么办吧！"

这样的情况还真是很少见。一般的戒毒人员就是知道自己得了疾病也是讳莫如深，生怕别人知晓，很少有像他这样把自身疾病当作保护伞来逃避劳动、逃避教育矫治的。

严格管理　对症下药

　　庞美良所在大队民警对其表现高度重视，在思想动态分析会上对其做了重点分析，将其定为"危重人员"，并安排了包教民警。大家一致认为，第一，庞美良患有斜疝是事实，但这不能成为其"为所欲为"的借口，对戒毒人员也必须按照严格管理的原则，要严厉打击其嚣张气焰，批评其违纪和怠工的行为，该怎么处理就怎么处理。第二，要寻找问题的突破口、教育感化的切入点，力争早日将其教育转化。大队领导要求民警密切注意庞美良的思想动态、行为举止，防止其出现不良动向，并安排了严密的管控措施，要求信息员及时汇报庞美良的思想动态。

　　民警们统一思想、达成共识、形成合力后，开始对庞美良进行教育转化。针对其故意违纪、消极怠工的行为，民警采取果断措施对其进行了警告、延期处理。庞美良大受打击，发现跟民警对着干没有什么好处，随后，其行为有所收敛。民警乘胜追击，通过信息员了解到事实并非庞美良自己所说的那样严重。其实庞美良在几次戒毒失败后，思想上已经做好了老婆提出离婚的准备，并决定把孩子交由老婆抚养。并且，他还有一个姐姐非常关心他。了解到这一情况后，民警迅速对庞美良进行了一次深入细致的谈话教育，民警诚恳地赞扬了庞美良作为丈夫、父亲的责任意识，深入分析了斜疝发病的特征，以及他现在的身体状况、国家的禁毒政策、戒毒场所的管理制度等，并从他本人的角度出发分析了其应该选择的正确道路。在谈话当中，民警的真诚打动了庞美良，他表露出希望大队能够照顾自己、从事较轻的工种的想法。谈话结束后，大队马上适当调整了他的工种。看到大队和民警对自己的关心，庞美良的思想开始有了转变。

细心观察　耐心解惑

　　有一段时间，民警翁干事发现庞美良郁郁寡欢，少有笑容，也不与其他戒毒人员一起活动。经过多方了解，都没找出原因。但一封雷州的来信解开了民警心中的疑团。原来庞美良吸食毒品伤害的不光是自己，还有自己的亲人，其妻多次劝说都无法改变其吸毒的行为。就在庞美良这次因复吸被公安机关强制戒毒之前，其妻提出了离婚，现在一纸诉状已经递到了法院。庞美良眼看婚姻不保、亲人远离，既伤心又懊悔，整天垂头丧气，无精打采。在清楚了庞美良的思想根源之后，大队民警马上制订了详细的教育转化计划。针对法院送来传票的情况，大队安排法律专业毕业的管教干事就如何应诉、如何表达诉求对庞美良进行了专门的指导，自觉孤立无助的庞美良顿时感受到了来自戒毒所的温暖与力量。虽然最终他还是同意了离婚，但民警耐心的解释、热心的帮助和真诚的关爱使庞美良在失去家庭亲情关爱之时，感受到了所内的温情关注，其思想逐步稳定。令人记忆犹新的是，离婚那天，庞美良整整一天没有吃饭。值班民警看在眼里，记在心里，晚上专门找庞美良进行谈话教育，鼓励其要坚强面对，并让其他戒毒人员拿出大队准备的方便面，用开水泡好端给庞美良。庞美良既惭愧又感动，民警还没开口，自己就打消了绝食的念头。离婚判决书下达后，民警又抓住时机和庞美良一起分析事情的前因后果，促使他认清自己的过错，认清毒品伤害身体、危害家庭的本质，告诉他珍惜婚姻，热爱家庭，应从远离毒品开始。在民警的耐心引导教育下，庞美良的心情逐渐开朗起来，习艺劳动的积极性大大提高，后来成了大队的习艺骨干，被分队长安排在关键的生产岗位。

真心关爱　用心感化

民警对戒毒人员进行教育矫治时不歧视、不放弃，以高度的责任心和爱心帮他们度过戒毒最艰难的一段时期。庞美良是一个被家庭抛弃的戒毒人员，强戒两年没有任何人前来探望。针对这种情况，大队民警在法律允许的范围内、力所能及的情况下给予

他关怀，在安排岗位和劳动报酬上给予适当照顾，所内下发的爱心物资（如保暖内衣等）优先照顾他，甚至有民警看到他双脚溃烂，自己出钱在超市为他买了几双鞋袜。大队民警的关心和爱护让庞美良感动不已，在接下来的日子里，他再也没有违纪，而是积极地参加习艺劳动。

2011 年，庞美良满载着民警的教导和关爱解戒出所了，出所 7 年多来，庞美良换过很多工种，但始终能抵挡住毒品的诱惑，不再沾染毒品。

【采写手记】

庞美良的案例告诉我们：戒毒人员同普通人一样，渴望亲情，渴望关爱，渴望生活。但由于毒瘾的折磨、家庭生活的打击，他们有着比常人更多的痛苦。在戒毒所内，唯一能及时关心、帮助他们的只有民警，如果民警善于捕捉教育转化的机会，不失时机地对戒毒人员进行谈话教育、心理疏导，给予他们法律允许的力所能及的帮助，那么戒毒人员不但不会成为累赘，反而会成为戒毒所中积极向上的一分子。少部分戒毒人员以病痛为借口，拒绝接受教育矫治是戒毒所的管教难点和重点。对于此类情况，我们必须坚持依法管理、严格管理的原则，一视同仁，严格执法，避免其他戒毒人员效仿。要细心观察，寻找解决问题的最佳突破口，只要我们细致分析戒毒人员的思想动态，从细节中发现他们的优点或弱点，对症下药，因材施教，拨动戒毒人员思想情感的琴弦，激发起他们的心理共鸣，教育矫治工作就会朝着有利的方向发展。要真正落实对重点戒毒人员的照顾政策，在习艺、生活、医疗等方面充分考虑他们的身体状况，主动照顾，让照顾体现关爱，而不是戒毒人员的诉求。要真正关心、爱护重点戒毒人员，把他们当作"病人""学生"来看待，对他们要付出比其他戒毒人员更多的耐心和爱心。毛泽东同志说："人是可以改造的，关键是方法问题。"对戒毒人员的教育矫治，只要我们讲究方法，终究会成功转化，就能化不利因素为有利于戒毒所安全稳定的积极因素。

对戒毒人员的教育矫治必须坚持以说服教育为主。戒毒人员因受毒瘾折磨，心理压力极大，再加上学历普遍较低，认知水平有限，对一些问题的看法难免偏激，行为不当。作为执法民警必须理智和冷静，有旁观者的"清"，要积极以耐心细致的态度教育引导戒毒人员，动之以情，晓之以理，导之以行，逐渐把戒毒人员引向理性和正确的道路上来。

对戒毒人员的教育矫治必须持之以恒，坚持到底，不抛弃，不放弃，相信付出总会有回报。

（采写人：翁南坤）

让我感到最痛苦的是，没有人再相信我，亲朋好友认为我反复被强制戒毒已经无可救药。以前，每次从戒毒所出来，我都感到孤独，受尽冷眼，做什么事都没劲儿、只能在复吸中消沉。

柳暗花明　重拾亲情

邹某，男，1998年开始吸食海洛因，多次自愿戒毒和被强制戒毒。2013年4月到戒毒康复所进行戒毒康复，2015年1月离所。在戒毒康复期间表现良好，多次被评为优秀员工。回归社会后从事过饮食、装饰、服装等行业。

吸毒让他众叛亲离

"爸，我们回老家过个年吧！已经很多年没回去了。"年前刚从戒毒所解戒回来的邹某小声地问父亲。"回老家？我也想啊！可是你反复被抓，强制戒毒，我哪有脸回老家！"

邹某直到现在依然清晰地记得那个情景，父亲悲伤的神情和悲愤无奈的话语深深地刺痛了邹某。那是2009年春节的前一天，邹某一家蜗居在离老家仅20多公里的小房子里。父子间那段悲凉的对话，让邹某思绪万千。邹某坐在床上，一根接一根地抽着烟，不禁想起了许多往事。

他曾经有个幸福的家庭，父母都是在职人员，家庭条件不错，日子过得和睦安稳，亲戚间感情浓厚。邹某是父母唯一的儿子，犹如家中"小皇帝"，他从小是在父母的疼爱和亲友的呵护下长大的。

1998年，初中还没毕业的邹某就辍学来到深圳，在表哥的鞋店里跟着学做生意。表哥很关心他，全心全意教他做生意。一年后，邹某在亲友的支持下，自己开了一间鞋店。那时的深圳处处是商机，再加上他脑筋活、肯吃苦，鞋店的生意很好。很快手中就有了不少钱，并请了工人。作为18岁的花季少年，邹某沉浸在金钱带来的狂欢中。

有钱后，邹某的交际多了，经常有朋友来店里玩。那帮朋友中有些是吸毒的。在朋友的诱惑下，邹某也吸上了毒。当时，有些好心的朋友劝他别沾毒品，有钱且年轻气盛的邹某竟然说："吸那玩意儿一天才一百来块，我又不是吸不起。"就这样，邹某的人生轨迹开始发生变化。渐渐地，他再也无心经营鞋店，很快就入不敷出，坠入了毒害深渊。

因为吸毒，邹某在深圳的生意无法做下去，便转到了广州，又在亲友的支持下，做起了小批发生意。但是，毒瘾依然让他无法安心做生意。后来，在亲人的劝说下，他自愿去戒毒机构戒毒，可出来后很快又吸上了。

截至2013年，邹某先后被送去强制戒毒4次。十余年间他几乎都是在戒毒所内度过的。

每次一出所，邹某第一件事就是找毒品，过毒瘾。他说："吸毒戒毒的日子很畸形、很压抑，心里有种被压抑得喘不过气的感觉，经常鬼使神差地就会去吸一口。"

第一次戒毒出所后，邹某与某女青年认识并结婚，还生了个女儿。可邹某因为复吸第二次戒毒后，妻子已对他丧失信心，决然抛下女儿离他而去。

与此同时，因为吸毒和骗取毒资，他一次次失信于亲友，导致众叛亲离、邻里非议，让父母没面子、抬不起头。邹某回忆，第一次被抓后出来，还有亲戚借钱给他。第二次戒毒出来，也还有亲戚借钱给他，见面还会打招呼。可是，第三次戒毒出来，就再也没有人理他了。他说，现在想起来，也可以理解，一个反复被抓去强制戒毒的人，有谁会信呢？连最疼自己的父母，都只能无助、无奈地看着自己。曾经家庭幸福，做生意充满干劲的他，被毒魔伤害得奄奄一息。亲友避而远之，没有了亲情，看不到希望，邹某迷茫无助，感到从未有过的绝望。该怎么办？耳边响起的只有父母的一声声叹息。

康复让他重获亲情

2013年的一天，刚从戒毒所出来，困在家里萎靡不振的邹某听父亲说："听说政府在佛山三水建立了一个戒毒康复所。据说在那里既可以戒毒康复，也可以就业劳动，去试试吧！"反正没有选择了，那就去试试吧！于是邹某来到了广东省三水某戒毒康复所。

走进戒毒康复所的大门，邹某就在想：不管怎样，一定要把毒瘾戒掉，不能再让亲人失望！在康复所做工积累点钱，然后回到社会，重新做生意，不相信一辈子就这样窝囊下去！

在所里的第一个晚上，他回忆着白天了解到的特殊无毒的社区环境、康复训练的流程和劳动就业的岗位。在戒毒路上跌撞了十几年，他从来没有在这种环境中戒过毒。戒毒效果会怎样他虽然心里没底，但他感到从未有过的干劲在心头涌起。他决心洗心革面，在这里磨炼自己。

经过就业培训，邹某走上了戒毒康复所的劳动岗位。民警们说起邹某，都说他干活很拼命，不停地干，基本不跟别人讲话。计件工资，多劳多得，邹某很快就成了区里劳动报酬最高的康复人员。

自从到了戒毒康复所，邹某经常回家看望父母和女儿，跟老家外出打工的年轻人一样经常寄钱回家。他父亲跟邻居和亲友说，邹某现在不再吸毒了，在佛山那里打工，变好了。父母和亲友，亲眼看到邹某的变化，这是十几年来从没有过的。

有次回家，邹某带女儿去玩，有个亲戚见到了，竟然走过来，跟他打招呼，又摸了摸他女儿的头，激动地说："你爸爸回来了，以后别总缠着你奶奶要爸爸了！""这么多年了，第一次有亲戚看见自己后主动走过来！"邹某至今说起来都很激动。

2014年的春节，父亲主动对邹某说："今年回家过个年吧！"邹某听了眼泪都流出来了。那一年春节，一家四口在老家高高兴兴地过了个年。虽然，

父母脸上还有一丝丝忧愁，但总算能够较平和地面对乡亲们了。乡亲们也会来他家串门，跟邹某唠唠家常。邹某说，虽然自己不像以前做生意赚到钱那样风光，在乡亲们眼中是大老板。但是，经历了那么多曲折，现在在乡亲们眼中他还能做一个正常打工者，已经感到很欣慰了。

过完年，邹某回到戒毒康复所，此时的他好像有了去打工赚钱的那种轻松感，干活更卖劲了。

在接受了一年零九个月的戒毒康复后，邹某走出了戒毒康复所的大门，走时带着在所里劳动攒下来的一万多元。

邹某说，离所那天，突然心里感慨良多，虽然在所里一年多来，每次放假都会回家，但这一次是要离所，重新回归社会了，脚步好像沉重了很多。以前，从戒毒所大门出来，想的是怎样找钱，吸一口，还心愿。这次出所，口袋里装着在戒毒康复所劳动挣到的一万多元，他在想该怎样用这一万多元做资本，重新做生意。

——"在戒毒康复所的一年零九个月，我埋头苦干，不仅在磨炼自己，也从没停止过反思自己。我18岁开始做生意赚钱，因为吸毒，浪费了十几年的青春。在戒毒康复所的这段时间里，虽然亲友都当我在打工，可是，我的心里却一直在挣扎，一直在提醒自己，要努力戒毒，努力挣钱，出去后重新创业！"

——"虽然一万多元不多，但这是我吸毒以后十多年里，口袋里钱最多的一次。特别是我可以像十几年前那样，正常地回到社会，亲友不再回避我，这对我来说太重要了！在戒毒康复所最大的收获，就是在亲友眼中，我变成了正常的打工者，不是以前那样反复吸毒'坐牢'的人。"

在戒毒康复所"打工"一年多，带着在所辛苦挣来的一点资本，重新赢得亲友的信赖，经历艰难磨炼和深刻反思的邹某，能重新站起来吗？

坚持让他艰难创业成功

从戒毒康复所回到家后，邹某决心重新开拓谋生之路，彻底远离毒品。他远远见到以前的毒友，会马上避开，即使不小心撞上，也只是打声招呼就快步走开了。

邹某说："这次从戒毒康复所回到家，亲友见面不再尴尬了，还有亲戚主动到家里坐，甚至有些亲戚还鼓励我去做点小买卖。这是十几年来从没有过的。这给了我很大的鼓励！"

这次回家后，邹某的第一次创业是学做盐焗鸡。他花了四千多元拜师学艺。学会后，他用剩下的几千元到广州创业，自己开店卖盐焗鸡。可是，由于资金不够，只能租偏僻、窄小的店面，客流量不大，小店很快就亏本倒闭了。

那时邹某本想留在广州，一是广州商机多；二是他没吸毒前，已在广州买了一套60多平方米的房子，生活有一定基础。但是，邹某父母在老家，身体不好，需要自己照顾，而且女儿要读书，在广州读书费用太高，支付不起，于是邹某只好回到老家。

在戒毒康复所做工挣的一万多元亏尽了。邹某没有泄气，为了挣到新的创业资金，他走上了打工之路。由于文化程度不高，找工作难，只能找到一份跟车的工作，就是在长途大巴上打杂。虽然劳累，但邹某坚持踏踏实实地做，只为一个目的——挣钱。

最让邹某感到幸福的是，自己在跟车时，遇到了心上人。他和这位女大学生很快就结了婚，并迎来了两人的爱情结晶。有了新的家庭，特别是妻子大学还未毕业，新的家庭成员的诞生，让邹某感到生活压力很大。

干了半年跟车的工作后，邹某又有了上万元的资金。他开始从事装饰行业，没想到，装饰生意虽然好，但被拖欠款项太多，无法做下去，怎么办？邹某苦苦思索。他决心做地摊生意，主要是在乡镇和县城的集市摆摊。有些乡镇离他住的地方几十公里，邹某为了占个好点的摊位，经常都是早上四点多就骑摩托车出门。乡镇的"墟日"过了中午就没什么人了，这时，邹某会急忙往县城赶，回家休息一下，傍晚前又去县城比较旺的路段摆地摊，直到晚上十点多。摆地摊很辛苦，但是收入还不错，几个月的时间，邹某就赚了几万元。

邹某又开始计划下一步，他想开一家服装店。可是，摆地摊赚的几万元不够做资本，父母也没钱，怎么办？正当邹某为资金发愁时，他接到了堂哥的电话。堂哥得知他想做生意没资金，问他要多少钱，邹某小心翼翼地说要借 3 万元，没想到的是堂哥竟然说："3 万不够，做生意要有点流动资金，这样吧，我给你 5 万。"邹某说："放下电话，我眼泪都流出来了。竟然有亲戚主动借钱给我！"邹某受到了极大的鼓舞，加紧筹备开服装店事宜。他尝试着主动向其他亲戚借钱，没想到亲戚都肯借钱给他。这个 1 万，那个 5 万，很快邹某开服装店的 15 万元就凑够了。

服装店开张了，邹某知道这一切来之不易。他虽然请了工人，但从早上九点开门，到晚上十二点，他都亲自在店里。为了生意做得好点，他什么苦都不怕。

功夫不负有心人，在他的努力下，服装店开张第一个月就赚了 2 万多元，并且生意越做越好。

现在，邹某在县城买了房和车。他说，车和房都向银行抵押贷了点款，现在家里上有老下有小，每月要还贷款，这些时时刻刻都在提醒着他，一定要坚持。

家庭稳定了，亲情找回了，事业有点起色了，邹某对未来充满信心。他说："我现在租用的服装店有三层，第一层用来做门店零售服装，二、三层准备做仓库，搞服装批发，现在已经联系了一些经销商。"他下一步是要买一套电梯房，给有风湿病、走路不太方便的父母住。

邹某说："毒品沾不得。吸毒十几年，让自己和家人，甚至亲友受尽苦楚。在戒毒路上，遭遇过许多冷眼，也得到过许多关爱。从 18 岁开始吸毒之后的几年，让我感到最痛苦的是，没有人再相信我，亲友认为我反复被强制戒毒不可救药。以前，每次从戒毒所出来，我都感到孤独，受尽冷眼，做什么事都没劲儿，只能在复吸中消沉。自 2013 年到戒毒康复所后，我在那里磨炼和反思自己，最重要的是，三水戒毒康复所的模式像企业，我在那里"打工"自食其力，还每月寄钱回家，节假日回家看看，慢慢地改变了亲人对我的看法，重新赢得家人的亲情。并且还挣得了一笔创业资金，虽然不多，却给了我鼓励，让我能用实际行动证明我戒毒的决心。在这种特殊的社区环境中，我的戒毒信念不断增强，能够坚决抵御毒品的诱惑。回归社会后，虽然在创业路上经历了许多挫折，但是有亲人的鼓励和支持，我会坚持下去的。"

（采写人：廖宪柱　邹国良）

隔着会见室的玻璃窗和护栏，她望着父母那憔悴的面容、红肿的眼眶，得知母亲因她再次吸毒被抓而天天以泪洗面时，她的心如刀割般疼痛："父亲身体越来越差了，他说最不放心的就是我。"当看到因为她吸毒而备受伤害的哥哥们为了她能戒除毒瘾一直在奔忙、操心时，她悔恨不已。

豆蔻之年染毒瘾　合力护花重绽放

　　花儿禁不住风雨的摧残。在"风刀霜剑严相逼"的涉毒高危环境里，如果自律不严、自持不定，稍微把持不住，且不懂得识毒、拒毒、防毒，那么必然"憔悴花遮憔悴人"，也许在豆蔻之年就提前"红消香断"。

　　"如果不是民警的谆谆教导，我也许永远都无法摆脱毒魔；如果不是家人的不离不弃，我也许永远不能看到美好的未来；如果不是戒毒所民警的所外帮扶，我也许就不能从地狱回到人间，更不可能拥有幸福和快乐。"终于走出毒品泥潭的凌某发出了这样的感慨。这也更加说明家人的不离不弃、民警的帮扶教育对吸毒人员戒除毒瘾具有多么重要的作用。

　　故事中的主人公凌某，出生于 20 世纪 80 年代，未婚。由于青少年时缺少管教，身陷涉毒高危环境，自 1996 年开始吸食毒品，曾因吸毒被强制戒毒两次。短短三十多年的人生经历，令人唏嘘。

满纸自怜题素怨　愁闺怨女拭啼痕
民警谆谆教导　唤醒戒毒决心

　　出生于广州的凌某，家境较好，身材微胖的她，是家中的幺女，从小就在父母和两个哥哥的溺爱中成长，一路走来顺风顺水。她虽然只有初中学历，但能歌善舞，性格活泼，能说会道。这让在美容店打工的她，认识了很多朋友，用"交友广阔"来形容，一点也不夸张，也正是在朋友的引诱下她开始吸食海洛因，从此掉进了毒品的深渊。1999年，年仅19岁的凌某，因为吸毒被公安机关抓获，接受戒毒。两年后，又因吸毒再次被送去戒毒。

2004年，当她再一次被送到戒毒所时，民警发现，凌某表现得焦虑烦躁，情绪悲观消沉，对未来没有信心。

针对凌某的表现，民警细致、耐心地对其进行思想道德和法律常识等方面的教育和开导。通过讲述戒毒获得成功的事例，对其进行启发，希望她能明白世上美好的东西还很多，值得追求的还很多。只要坚持不懈，毒瘾是可以成功解除的。

在谈话中，民警发现，凌某每次说及家庭时，就会不由自主地露出黯然神伤的表情，这就足以证明，家庭对她还是有影响力的。民警抓住"亲情"这一要素对其进行教育矫治，给她描述了和睦美好的家庭生活，并告诉她亲人之间应该怎样相处相待，才会过得更好；特别是对于父母，自己应该承担起作为子女的责任；告诉她一个人要勇敢地面对困难，承担责任。经过引导，凌某渐渐打开了心灵之门，恢复了对未来生活的信心，开始勇敢地面对现实。

在凌某恢复了信心之后，民警及时帮助其在思想上树立正确的人生观，使其认识到，人生的路上，无论遇到什么样的事情，都要以平和的心态勇敢面对。凌某明白了，一个人活着就应该对自己负责、对家庭负责、对社会负责。

此外，民警还帮助其加强对毒品的正确认识，并增强法制观念。一方面，民警为凌某介绍了一些与禁毒、戒毒和毒品危害相关的书籍，让她了解各种各样的毒品对人体的伤害情况，使其从心理上对毒品产生恐惧和厌恶。另一方面，对其加强法律法规方面的教育，让她了解到吸毒和种毒、贩毒、运毒一样，

都是违反国家法律法规的行为，会对社会产生严重的负面影响，希望其成为一个懂法、守法的公民。

通过对凌某进行亲情感化教育，帮助其树立正确的人生观和价值观，增强其生活信心和对社会、家庭的责任感。渐渐地，凌某重新变得乐观起来，对戒毒后的生活更加充满了信心。

谁怜我为黄花病　慰语重阳会有期
家人不离不弃　坚定戒毒信心

"自从我吸毒后，母亲天天以泪洗面，差点把眼睛都哭瞎了。而气愤不已的父亲还说过要和我断绝父女关系之类的重话。可是，每次我被送进来，父亲总是会来看望我，眼中满是泪水。"有时候凌某熬不住了，会对父母说："你们就别管我了，就当没生过我这个女儿。你们还有哥哥们，别让我继续拖累你们了。"

父亲却流着泪说："我把你养大却没有教会你坚强，是我没有尽到做父亲的责任，是我没有教育好你……"

凌某深刻地体会到父亲的苦衷。她说，每次吸毒时她都觉得很矛盾，心里就好像有两个人在争执：一个说不要吸了，再吸父母会伤心的；另一个却说，就吸一下吧，吸了就没有这些烦恼了。

幸运的是，凌某的家人一直没有放弃她。2004年，她再一次因吸毒被送去戒毒，她的父母来探视她，隔着会见室的玻璃窗和护栏，她望着父母那憔悴的面容、红肿的眼眶，得知母亲因她再次吸毒被抓而天天以泪洗面时，她的心如刀割般疼痛："父亲身体越来越差了，他说最不放心的就是我。"当看到因为她吸毒而备受伤害的哥哥们为了她能戒除毒瘾一直在奔忙、操心时，她悔恨不已："哥哥们跟我讲家里的事情，让我放心。还鼓励我要好好戒毒，争取早日回家。"凌某说，哥哥们的鼓励，让她更加坚定了戒毒的信心。

2006年，凌某出所后，她的兄长为了让她远离吸毒的环境，断绝一切可能让她和从前的吸毒圈子有牵扯的联系，特地为在所里学会缝纫技术的她，在外地开办了一家制衣厂，让她在厂里打工，从普通工人干起；为了督促她，甚至让她继续保持在所里养成的正常作息时间，两个兄长不远千里地轮流在她身边陪伴她。

因为有家人的陪伴，她很快就适应了在外地的生活。为了戒毒，她很少回广州，换了新手机号码，断绝了跟以往所有毒友的往来。凌某说："因为毒品我失去了太多，我要为家人争口气，不能让父母和哥哥们再为我操心，再因为我而受到伤害，我要成为他们的骄傲。"

秋光荏苒休辜负　相对原宜惜寸阴
所外继续帮扶　坚守戒毒初心

"我觉得自己是幸运的，如果没有被强制戒毒，可能到现在还过着人不像人、鬼不像鬼的生活……管教民警没有歧视我，而是像医生一样照顾我，像老师一样教育我，为我安排各种课程，让我更深刻地了解了吸毒的危害，在她们的帮助和教育下，我度过了最初难熬的痛苦期。"

当凌某最后一次出所时，民警把自己的QQ号码给了她，告诉她只要有烦恼不管任何时候都可以找民警交流。

"开始的时候，我是不相信的，更觉得不会有这个必要。可是有一天深夜，我的心情非常不好，希望找个人和我说说话，于是就在QQ上跟民警诉说。民警当时没有回复我，我更失望了，觉得她们果然是骗人的。没想到第二天，民警回复了我，还跟我道歉，说因为前一天晚上值夜班，所以才没有及时回复。那一天，我们在QQ上聊了很久。民警没有像其他人那样怀疑我、不停地数落我，而是耐心地听我说，然后给我举了很多的例子，还用她自己日常跟家人相处时发生的矛盾来帮我分析。民警说，家人说的话也许不好听甚至扎心，但那是最真实的，因为家人的出发点是为了自己好。那一天，我深深地被打动了，如果她没有回复，也许，我会再次吸毒。"

凌某跟民警的QQ聊天并没有很频繁，但每当她烦恼或喜悦之时，都会在QQ上给民警留言，这已经成为她的习惯，即使民警没有及时回复，她也不会再像第一次那样失望。因为她需要的不是回应，而是，有那么一个人，可以听她诉说，并给予理解、支持。

欲偿白帝凭清洁　不语婷婷日又昏
十年幸福花开　彰显戒毒恒心

因为有了家人的关心和民警的支持，凌某不仅重拾了生活的信心和自尊，还找到了属于她的爱情，组建了幸福的家庭。此外，为了恢复身体健康，她积极参加健身运动，自学健身教练课程，参加健身教练资格证考核。

"我已经10年没有沾过毒品，今后也绝不会再碰它！"现在的她有种说不出的轻松与惬意，不用再为筹措毒资而辗转难眠，不用再因毒品的折磨而日夜颠倒，不用再因见到鸣笛的警车而担惊受怕。毒品，曾经让她失去了很多，但戒毒又让她重新认识了自己，认识了家人，认识了人生。

目前，她最大的愿望，就是拥有一个属于自己的孩子。孩子是每个女人心底最柔软的温暖。是的，我们都相信，有了孩子，母性的力量能让她在拒绝毒品的道路上走得更好、更远！

【采写手记】

成长在一个健全的家庭，凌某是幸运的。父母疼爱，兄长怜护，从小享受了很多家庭的温暖和快乐。这种看似唾手可得的幸福，往往不为身在其中的当事人所珍惜，正所谓"身在福中不知福""只缘身在此山中"。

在青春年华之际沾染上毒瘾，凌某是不幸的。每个人在青少年时，都对生活充满热情，对未来充满想象，对新鲜事物充满好奇。正是"云想衣裳花想容，春风拂槛露华浓"。但是，如果家庭、学校的教育没有跟上，管教不到位，处于青少年期的当事人又没有清醒坚定的自律自制能力，一旦接触到涉毒高危环境或者受到引诱，就很可能会误入歧路。

正如文中所言，"凌某深刻地体会到父亲的苦衷。她说，每次吸毒时她都觉得很矛盾，心里就好像有两个人在争执：一个说不要吸了，再吸父母会伤心的；另一个却说，就吸一下吧，吸了就没有这些烦恼了"。绝大多数良知未泯的吸毒人员，由于心瘾难除，一直会在"再吸一次"与"不能再碰"中煎熬挣扎。这个时候，如果亲人、管教民警等及时进行关怀鼓励、监督规劝，拉一把的作用就十分明显，就能够帮助他们逃离毒海，保持操守。

（采写人：王穗娟）

认知治疗，就是从阿武的家庭实际情况着手，帮助他重新正确认识自己，改变过去错误的思想认识，纠正不良情绪，从而达到感化戒治的效果。这次戒毒，大队发现了阿武的心理障碍并安排民警对其开展有针对性的谈话，帮助其树立正确的认知方向，纠正其错误的想法。

心瘾终除　一波三折的心理矫治历程

小学还没有毕业，阿武（化名）就辍学了。呼吸着"自由的空气"，没有了管束的阿武与一群小年轻常常四处瞎逛。年少无知的"勇敢"，加上轻狂躁动的心态，使他们沉迷于抽烟喝酒，泡在游戏厅，流连在录像厅，追逐新鲜事物和感官刺激。年轻的他们以为，这就是他们向往的"江湖"生活。带着"出来混不吸点白粉不像样"的想法，他们沾染上了毒瘾。阿武第二次被送戒毒时，用他自己的话说"感觉将被家人抛弃""打击很大"。刚入所时，他情绪低落，无心参加学习和生产劳动，不能安心接受戒治，入所失去自由后心里特别难受，情绪波动很大甚至产生了轻生的念头，多次因违纪被扣分和严管反省，思想很消极，属于重点管教对象。

上兵伐谋　攻心为上

戒毒所中的戒毒人员，刚入所时，他们有的灰暗消极、冷漠生硬；有的得过且过、无所事事；有的无事生非、打架滋事、对抗管理等。对他们的教育戒治就是一场场无声的较量，是矫治他们残缺道德的善举义举，是拯救一个个趋于沉沦或毁灭的躯体和灵魂的系统工程。

一个人的行为，往往是其思想自觉的选择，或者是行为习惯影响下的潜

— 49 —

意识的选择。民警们深入分析，采取改变认知方向的方法，旨在从思想上对其实行教化。

阿武18岁不到时，就因好奇吸食了毒品从而染上毒瘾，第一次走进戒毒所时他还不到20岁，至此多次进出。这次，已经是第三次走进戒毒所的他，韶华不再。一次又一次的复吸与失败，让他深受打击，开始怀疑自己，迷失方向，逐渐失去信心，思想上更是破罐子破摔，做事消极并容易走极端，经常故意违纪和抗拒戒治，希望获得民警和戒毒人员的关注和重视，属于典型难改类人员。针对阿武的表现，大队及时制定矫治对策，寻找突破口。

分析其吸毒、戒毒经历，不难发现阿武吸毒很大程度上是因为思想认知方向存在偏差。阿武在独处时，经常较为落寞。民警找准时机，适时以朋友的身份与其交谈，对其进行开导。在聊天过程中，一点点讲解毒品的危害以及吸毒者被毒瘾驱使会对社会和家庭造成怎样的伤害，把从警生涯中见到过的各种因为沾染毒品而妻离子散、家破人亡的案例说与阿武，进行教育规劝。

认知治疗，就是从阿武的家庭实际情况着手，帮助他重新正确认识自己，改变过去错误的思想认识，纠正不良情绪，从而达到感化戒治的效果。这次戒毒，大队发现了阿武的心理障碍并安排民警对其开展有针对性的谈话，帮助其树立正确的认知方向，纠正其错误的想法。

刚开始，面对民警的教育，阿武表面应付着，但日常行为犹如顽石难化，恶习一如既往。但民警们仍然不离不弃，一次谈心，二次关怀，三次开导……支持民警们坚持不懈的，是"唤醒一人＝挽救一家＝稳定一方"的信念。比起忠诚履职的豪言壮语，民警们更愿意以活生生的个案事例来感动自己，激励前行。

经过民警反复的耐心开导和悉心教育，三个月后，阿武慢慢走出了迷茫，渐渐对自己吸毒的经历进行反省，认识到了吸毒的危害性，

知道自己愧对所有关心爱护他的人。被毒品吞噬的自己也是个病人，已被毒品侵害了身体、侵蚀了心，由一个150多斤的壮实小伙变成了一个骨瘦如柴、每天只知道找钱吸毒的社会毒瘤。

通过有针对性的毒品危害教育、拒毒意识教育和法律知识等一系列文化思想教育，阿武变得遵规守纪了，表现也更为积极。在管好自己的同时，还经常主动配合民警，帮助其他学员。

亲情感召　让爱回归

阿武说，经过心理辅导后，每当在夜深人静时想起家里重病在身的老母亲和管教民警的关心爱护，内心就充满愧疚，无地自容。虽然阿武被多次送进戒毒所，但是妻子仍旧对他不离不弃，反而给予阿武加倍的关心。每到接见的日子，无论是电闪雷鸣还是刮风下雨，妻子都风雨无阻地来探望阿武。这让阿武十分感动又充满愧疚。

为了进一步巩固对阿武个别谈话转化教育的效果，大队民警主动联系其父母来所进行帮教。通过亲属帮教活动，消除其最后的担忧，坚定其戒除毒瘾的信心。

家人的不抛弃、不放弃和管教民警的耐心谈话教育让阿武感到非常欣慰。他的内心发生了质的转变，懂得要加倍努力戒毒，并学好文化知识，才能争取早日回归社会。也许道路很艰辛、很不容易，但阿武坚定了自己拒毒的决心，远离毒友和毒品，珍爱生命。

为了满头白发的老母亲和对自己不离不弃的妻子，他下定决心重新做人，决心不再让关心和爱护他的人伤心流泪，并用行动戒治出全新的自己，去弥补曾经的无知和不孝。

责任训练　唤醒担当

戒毒所的工作，看起来似乎简单乏味，实际上却是心机暗藏、颇具风险。在这场近乎"矛与盾"的攻守博弈中，民警们不仅需要见招拆招地严防死守，还需要用心智和韧劲来教育感化挽救，用忠诚与智慧，精心织网拯救沉沦的灵魂。

阿武积极转变的态度被大队领导和管教民警看在眼里、记在心上。此后，民警开始对其进行责任和担当意识训练，适时调整了他的劳动岗位，先后让其担任班组长和值班安全员。民警解释说，这些岗位的工作是一种责任，作为丈夫是一种责任，孝敬父母也是一种责任，你的肩膀要开始承担起更多的责任了。

民警的话在阿武的脑海里反复回荡。自此以后，阿武像变了一个人，做事认真、遇事积极、办事负责，在班组长和值班安全员的岗位上尽心尽职，用心付出。

2010年2月，阿武由于表现良好，提前5个月便解除了强制隔离戒毒，回归社会与家人团聚了。

守望支持　帮渡难关

阿武解戒回归社会后，遇到了很多挫折和诱惑。刚解戒的时候，许多以前的朋友联系过他，约他一起吃饭喝酒，让他差点重蹈覆辙。

为了切断他与"粉友""道友"的联系，戒毒所民警与其本人及家属签订帮戒协议，建议阿武家人安排一名陪护人员24小时跟着他。家人每天只给他20元抽烟的费用。自从安排了专人陪护之后，这20元钱改由家人保管，帮助其堵住了复吸的道路。

此后，戒毒所民警定期进行跟踪回访。一次，民警回访了解到阿武回归社会后，一些朋友异样的眼光和沉默不语的躲避，曾让其很受伤，以至于其产生了心理障碍，即对毒品的恐惧，对人际交往的恐惧，对自我的不接纳，和家人的关系紧张等。由于内心冲突不断，他没有信心和勇气走出家门，正常融入社会。

戒毒所于是主动联系了县社区戒毒（康复）工作站，邀请社会义工一同介入，对

他进行了个别谈心。开展了及时的心理辅导和介入治疗，告诉他要面对现实，正确看待自己的吸毒经历给家人及社会带来的危害，只要自己有信心戒毒，所有的事情都可以挽救，亲人和社会都会接纳。

在戒毒所民警和县社区戒毒（康复）工作站社会义工的共同努力下，阿武走出了社交恐惧阴影和人生低谷。他开始出去找工作了，并且被当场录取，在当地一家大型超市里做仓管工作。后来，其哥哥托朋友安排他到一家公司做柴油销售工作。这份工作，极大地缓解了家里的经济压力，对阿武而言，生活从此有了依靠，精神有所寄托。阿武非常珍惜这份工作，他卖力工作，成绩突出，用他的话说："虽然辛苦，但感觉很充实、很开心。"说起自己的过去，阿武坦言，其实他很清楚家人对他的关心和疼爱，他也很在乎这份亲情。自己曾经因为没有工作，压力大，受了挫折加上心情烦闷，才染上了毒瘾。自从有了这份相对稳定的工作以后，阿武的性格开朗了许多。他说："现在的生活才叫生活。与老婆结婚生子，过上正常人的生活，一切过得平淡又幸福。"

意念强化　化险为夷

在戒毒所的日子，面对着铁窗、铁门，阿武曾经过无数次的强化训练。经常告诫自己："吸毒害人害己，一定不能再吸毒，一定要努力做一个对社会和对家庭负责的男人。"但有时他会清醒地意识到，要彻底戒除毒瘾，回归社会后的戒断巩固将是自己与毒魔斗争的一场持久战。

2012年6月的一次经历，仍让阿武心有余悸，更深刻地体会到"一朝吸毒，终身戒毒"这句话的深刻含义。

那天晚上，因忙于经营而过度疲劳，临近深夜时阿武急性肠胃炎发作。也许是因为曾经吸毒的缘故，医生配了好几种药都无法止住他身体的剧痛，连续12小时的疼痛让他走到了崩溃的边缘。鬼使神差般地，他居然找到了以前"道友"的电话号码，并约定了交货地点。

当他准备出门去"赴约"时，被发现异常的妻子拦下了。苦心规劝之下，阿武想起了戒毒所管教民警和心理医生在上课时，曾教过出现心瘾应该如何转移自己的注意力，并尝试用所学知识让自己慢慢平静下来。于是，阿武就用辅助性安眠药和心理意念强化法暗示自己，一个小时后，他昏昏沉沉地睡着了。

当他从沉睡中醒过来，看到窗外明媚的阳光，回想起昨天惊险的一幕时，他不禁对那"白色魔鬼"的魔力有了更深刻的认识和更高的警惕。

就如阿武自己所说，回归社会的8年时间，各种烦恼时常出现在面前。每每这时，他都会想到在戒毒所时，管教民警和心理医生曾教给他的消除各种不适症状和心瘾的办法。虽然在所里也曾经学过拒绝毒品心理意念法，但说实话当时他并不相信那会对改善症状有什么作用。而现在每当遇到挫折时，阿武就会反复告诫自己："一定会战胜毒魔的，一定会振作起来的。"闭上眼睛后，他真的感觉到心情慢慢平静下来了，烦躁和焦虑症状也减轻了许多……

【采写手记】

阿武成功戒断毒瘾的事例启示我们：戒毒是一项长期而艰巨的任务。

戒毒人员在戒毒场所的无毒环境内接受管教民警耐心细致的教育管束，唤醒其良知，修复其亲情，培养其责任，教给其心理危机应对技能，为日后其融入社会，面对挫折奠定了坚实基础。

戒毒人员回归社会后，心瘾难除，这需要一个相当长的巩固期，还要面对各种各样的突发和高危情况，稍有不慎就会功亏一篑，走上复吸的道路。因此，社会、政府、戒毒场所和家属要扎实做好戒毒后续照管和监督管理。

阿武解戒后，戒毒所民警的叮嘱回访，社工的介入，帮助他及时渡过了难关。其妻子和亲人的不离不弃，不仅给了他生活上的照顾，让他免于重蹈覆辙，还让其感受到了家里人的支持，看到了生活的希望，坚定了戒除毒瘾、战胜毒魔、回归家庭的信心。

阿武在庆幸自己在戒毒的漫长道路上又跨出一大步的同时，更意识到，在戒毒的路上，他并不孤独，有家人、社会和戒毒所民警的无私帮助，这是他能够保持戒断的重要因素。

（采写人：张冰梅　赵文财）

生理脱毒易，心理脱毒难。毒品对吸毒者的"心理之毒"，一般表现为偏执的人格，被害妄想，多疑孤僻，人际关系敏感，无人生目标或人生目标出现偏差。这些"心理之毒"，是戒毒过程中最大的障碍。

幸福，从这里起航

梁福（化名），男，于 2011 年 6 月被送强制隔离戒毒，2012 年 11 月期满解除强制隔离戒毒。回归社会至今，已近 6 年保持戒断未复吸，现从事运输工作，生活较为稳定。

吸毒前后判若两人

梁福，原本是个忠职本分的人。上班时经常提前到厂，下班后总是最后一个离开车间；也经常协助班长，做好机器预热准备或收尾工作，与工友相处融洽。

他待人友善，在下班回家的路上，碰到骑车的老人摔倒，他会一个箭步冲上前去扶起老人，并细致地询问老人痛不痛，有没有跌伤。

他原本有一个和美的家。母亲善良朴素，妻子温柔体贴、善解人意。妻子和母亲在家种田做家务，一切都有条有理。一家人虽然算不上富裕，但生活是安乐顺心的。

但是，他因毒友引诱走上吸毒道路，一吸就是 5 年。常言道，一人吸毒，全家遭殃，四邻不宁，社会不安。由于吸毒，他三天两头就和妻子吵架，工资收入也都用来买毒品了，夫妻裂痕进一步加深。母亲知道儿子吸毒后，为了让儿子回心转意，多次带泪哀求。然而，毒迷心窍的梁福，片言只语也听不进去，再往后与母亲吵架便成家常便饭。2010年夏的一天，因与母亲发生争吵，妻子和家人锁上了门不许他出门去找毒品，梁福毒瘾难忍，冲动之下从楼上跳了下来。幸好是手脚着地，他仅受轻伤，因抢救及时，没有生命危险。为了挽救他，家人将其关在家中，用"土办法"戒毒。

生理暂时脱毒容易，心瘾却难除。其后不久，梁福又沾染毒品。2011年5月他被公安机关抓获并送去强制隔离戒毒。

重病还需猛药治

戒毒所民警对梁福的情况进行了全面分析，找出病因，制订了针对梁福的个性化矫治方案。

第一步，进行思想矫正。因为吸毒，梁福的眼里只有毒品，身边只剩毒友。每天唯一的心思就是找钱，吸毒，再找钱，再吸毒，为了筹集毒资，坑蒙拐骗无所不为。人生观、价值观也因此扭曲，弃亲情于不顾，置家庭于不管。针对此种情况，大队民警经常找他谈心，细致、耐心地进行思想辅导，讲述一些真实案例，揭露毒品危害之烈、害人之惨。让他知道，如果不戒掉毒品，下一步面临绝境的便是他。同时着重介绍一些戒毒成功的事例，增强他戒除毒品的信心和决心；列举许多美好的事物，启发梁福，希望他能明白：世上美好的东西非常多，值得追求的东西也非常多，抵制毒品才有追求美好生活的能力。

第二步，加强体能训练，增强体质。因为吸毒，

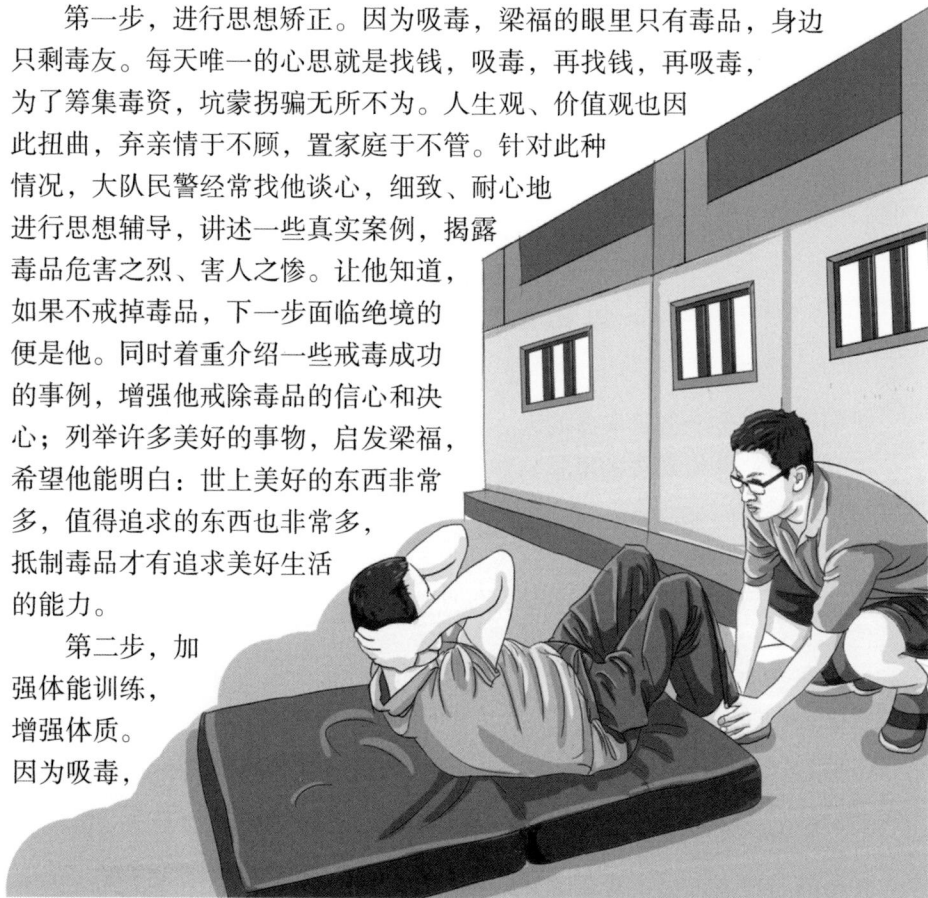

梁福的身体机能已经受到了很大的损害，他走路有气无力，双眼迷茫无神。民警组织他参加所内开展的队列操练、跑步、太极操等体能活动，监督他坚持。不到半年时间，他体能明显好转，面色红润，爬楼梯也不喘了，整个人的精神状态都得到了改善。

第三步，磨炼意志品格，培养毅力。民警要求梁福，每天都做一件自己不想做或难以做好的事。如每天背一首诗，每天写一篇矫治日记，每天做一百个俯卧撑。通过坚持自控训练，来增强他的意志力和毅力。民警定期查问，做到了则给予鼓励，并公开表扬。通过强化行为养成和队列训练，改变他以前懒散的作风、没有规律的生活作息，达到提高素质、磨炼意志的目的。

第四步，帮助心理脱毒，提高拒毒能力。生理脱毒易，心理脱毒难。毒品对吸毒者的"心理之毒"，一般表现为偏执的人格，被害妄想，多疑孤僻，人际关系敏感，无人生目标或人生目标出现偏差。这些"心理之毒"，是戒毒过程中最大的障碍。对梁福的矫治，也不例外。民警知难而上，从以下四个方面着手：其一，开展心理辅导，加强个别谈话，使他认识到吸毒的心理诱因。吸毒的人开始是为了一个美好的享受，之后沦为吸毒上瘾者，先是戒毒，再是戒毒失败，然后是失望，终至心理失常，陷入恶性怪圈。为了巩固梁福的戒毒意愿，也为了帮助其他强戒学员，戒毒所经常开展"阳光训练营"活动，做一些心理训练，改变他们原来的错误观念。其二，强化对毒品危害的认识。经常开展毒品警示教育，并延伸亲情帮教，利用开放日、会见日等，动员梁福亲属一起控诉毒品之害，毒害之烈。其三，帮助他树立根除毒瘾的坚定信念。其四，要求他认真学习戒毒所规章制度，严格遵守戒毒所相关规定，加强自律，提高自控能力，纠正思想偏差。

在民警的不懈努力下，梁福接受教育矫治的自觉性大大提高，遵规守纪意识明显加强，主动投入习艺劳动的积极性更高，戒治效果非常明显，他成了戒毒所教育转化典型人员。因为表现突出，梁福获得了提前3个月解戒的奖励。

浪子回头金不换

2012年11月15日，是梁福离开戒毒所的日子。民警郑重地叮嘱他：一定要遵守戒除毒瘾的承诺。如果遇到问题或困难，记得及时和民警联系；在求职和今后的工作中，有什么需要帮助的，可以和民警联系，只要能帮得上，他们一定会尽力。梁福一一点头应允。

回归社会6年来，梁福一直保持良好操守，并且找到了一份比较称心的工作，一家人其乐融融，正满怀信心地朝着美好的未来而努力。梁福感激地对回访民警说："是戒毒所民警们的不放弃，让我重获新生，特别是'扶上马，送一程'的帮教方式，让我真正回归社会。在戒毒所里只能是强制戒毒，回归社会才是真正自我戒毒的开始，是戒毒所的民警们让我学会了拒绝毒品的技巧，我一定要用最好的戒毒效果回报他们。"

【采写手记】

分析这个戒毒矫治个案，我们有以下思考：

一是要全面认识，充分准备。开展个案教育前，一定要对强戒人员全面分析，找出病因，确定个性化的矫治方案；转化中，必须全面、实时地掌握矫治情况，多进行交流分析。在复杂的转化过程中，民警既要有信心，相信自己能成功转化重点人员，也要有恒心，充分考虑到转化的复杂性、反复性，做好打持久仗的准备。此外，一身正气方能为人师表。要真正矫治好强戒学员，最直接、最有效的方法莫过于用自己勤政、秉公执法的人格力量和高尚的品行去教育、感化强戒人员，潜移默化、以德服人。

二是要以人为本，重在矫治。实施教育矫治的过程中，民警和心理咨询师应紧紧围绕激发和调动强戒人员的内生主动性、积极性来开展工作，以提高戒毒成效，实现强戒人员生理、心理和社会功能的全面康复。教育矫治的目标、内容、方法制定和实施时机都要体现人文关怀，关注其人生价值和需求，注重人格和尊严，维护其合法权益。这要求民警和强戒人员在人格上建立起平等的人际关系，民警要时时处处为强戒人员着想。教育的态度和言行要真诚可信，尊重其主体地位，调动其主观能动性，帮助和激励其自我成长。认识到他们既是违法者，也是毒品最直接的受害者和疾病患者的三重身份，从而加强思想道德教育和心理疏导，启发他们的自我戒毒意识，使其恢复良好习性，纠正不良行为，从而达到远离毒品，最终戒除毒瘾的矫治目标。

三是要循序渐进，持之以恒。帮助强戒人员实现身心康复和社会功能恢复，一般要经过脱毒期、康复期、回归社会准备期和步入社会期。强戒人员在不同的时间和空间会呈现出不同的特点。这就要求民警在开展教育矫治时，用较强的法纪意识、高尚的道德情操和高超的矫治艺术，以情动人、以理服人，耐心细致地帮助强戒人员树立正确的人生观、道德观和价值观，增强其信心，不断提高其抵御毒品和适应社会生活的能力，以期达到解除毒瘾的矫治目标。

总之，强戒人员的教育矫治是一项复杂艰巨而又具有创造性的工作。我们的工作必须符合事物发展规律，做到循序渐进，不能指望工作一蹴而就。只要我们有爱心、真心、信心和恒心，戒毒矫治就会取得成功。

（采写人：严远威）

创业篇

要让"创业"成为融入社会的桥梁

马建文教授简介：

曾就读于上海交通大学、武汉大学等高校。法学双博士，广东警官学院教授，中南财经政法大学博士研究生合作导师，是广东省优势重点学科——治安学学科带头人，担任广东省委智库——广东省公共安全研究中心主任、广州市公共安全重点研究基地主任、珠三角公共安全研究所所长，是广东省人大常委会、广东省人民政府、中共广州市委、市政府的咨询决策专家。

"毒难戒，戒毒难"是人们对戒毒的普遍看法。"创业篇"通过一个个真实鲜活的案例，告诉人们：戒毒虽难，但只要坚定毒可戒，并有一套行之有效的方法，在戒毒民警和家人、社会的帮扶下，解戒人员可以开启新生活，甚至创立事业，发家致富。

创业篇案例取材于真实生活，选材恰当，有新意，具有典型意义。语言简练朴实、无矫揉造作之嫌，故事真实生动，情感真切自然。戒毒民警对解戒人员"扶上马，送一程"的工作理念与戒毒社工、社区街道工作人员的工作无缝链接，体现了对解戒人员的关怀、宽容、帮扶、永不放弃的"父母心"，文章字里行间透露出阳光般的温暖，令人感动。

每个案例结尾的"采写日记"，对全文起到画龙点睛的作用，内容切合实际，蕴含着朴素而深刻的哲理，可为成功戒毒、抵制复吸及帮扶创业者提供方法借鉴，实用性强。

解戒后，王平离开了之前的生活环境，去了一个陌生的地方开始新的生活。可是由于自己情况特殊，且无学历、无专长，企业应聘又要进行体检，像他这样的 HIV 感染者想找到工作谈何容易，这些困难曾让他一度消沉，几度在复吸的十字路口上徘徊。关键时刻，他总想起母亲的临终遗言："如果可以，我愿意用我的生命去换取你的生命。"

特别的爱给特别的你

王平（化名），男，曾先后被强制戒毒 3 次。2013 年 1 月解戒回归社会后，王平一直保持戒断未复吸。

戒毒所的"老顽固"，因为我是 HIV 感染者

王平作为一名有着 3 次戒毒经历的戒毒人员，熟悉戒毒所情况，是戒毒人员中的"老油条"，加之他因吸毒感染了 HIV 病毒，觉得艾滋病是不治之症，自己是个即将要死的人，对未来生活充满了绝望和恐惧。于是，在戒毒所不服管教，多次闹事、绝食，经体检获得特殊病号待遇后，认为"会哭的孩子有奶喝"，于是经常采用这种手段来对抗管教，想获得优待。

2011 年 1 月，王平第三次来到戒毒所。这一次，他完全不适应这里的严格管理和约束性的治疗。自由散漫的他，似乎感觉自己在戒毒所的"优越感"一夜全无，在要求特殊待遇时，多次与民警及其他戒毒人员发生冲突，并扬言哪个民警来管，他就咬哪个。大队民警多次对其采取约束性保护措施，以防意外发生。

从"心"入手，科学矫治，点燃希望之光

面对这样一个"老顽固"，民警始终没有放弃对王平的挽救。教育矫治室和大队成立了矫治小组，集中力量对他进行矫治。通过心理测试，矫治小组发现王平抑郁和焦虑的程度较高，且性格比较偏执，看问题常以偏概全。因多次戒毒不成，家人已对其失去了耐心和信心，关系越来越疏远，直至对他不闻不问。王平是一名 HIV 感染者，但他从不主动去学习了解 HIV 知识，整个人被绝望、恐惧、孤独、无助感笼罩着，"破罐子破摔"的思想占据着他的大脑。矫治小组对王平的种种表现进行了深入分析，决定从心理矫治、营造平等关爱氛围、培养兴趣爱好三个方面入手开展教育矫治。

1. 综合运用心理矫治手段

（1）运用音乐治疗减轻其焦虑情绪，减少对疾病的恐惧感。首先，在心理矫治中心采用现代智能反馈放松音乐治疗缓解其焦虑情绪，经过 5 次治疗后，其情绪有明显的改善。待其情绪明显平稳后，再对其进行艾滋病知识讲解，让其深入了解艾滋病的知识，减轻"恐艾心理"，使其懂得自己只是感染了艾滋病病毒，并不是艾滋病人。所部医生拿出检测报告对他进行解释，并举了许多类似的案例，证明即使感染 HIV 病毒也可以有很长的寿命，减轻其对疾病的恐惧与焦虑，鼓励其勇敢面对困难。

（2）借助社工力量，减轻其抑郁情绪。近年来，市社会工作服务中心与戒毒所签订服务合同，免费为 HIV 专管区的戒毒人员提供心理减压等服务，王平便是其中的受益者之一。针对王平性格较为偏执，对民警管理较为抵触的情况，戒毒所借助社会组织力量，安排社工心理咨询师对王平进行心理咨询，引导王平接受现状，并学会运用"ABC 合理情绪治疗理论"去分析和看待问题。经过社工心理老师的长期陪伴和治疗，王平对人对事的看法有了改变，消极情绪、抑郁症状也得到了改善。其后，民警又安排了表现较好的 HIV 感染人员和王平唠家常，帮他尽快融入集体，感受到集体的温暖，让他感觉到社会和集体并不排斥和歧视他。

（3）运用沙盘疗法，了解其内心世界，缓解其压力。考虑到王平在生活中所遇到的挫折以及其与家庭的关系，民警以沙盘疗法为主，行为主义治疗为辅对其进行心理治疗。沙盘咨询师对王平采取充分尊重、共情、积极关注的态度，与其建立良好的咨询关系，形成相互信任的咨询氛围。然后，通过摄入性谈话收集了大量基本信息。沙盘游戏为王平提供了展示内心的通道。

沙盘是一个介于个体内心世界和外在生活的"中间地带"，王平封闭的内心世界和生活经历在这里得以逐步呈现和自我揭示。在沙盘治疗中，咨询师提供了一个安全和接纳的环境，让王平尽情敞开心扉，说出自己的心声。通过前后5次的沙盘治疗，王平的内心压力得到了有效缓解。

2. 营造平等关爱的氛围

曾有艾滋病人说："歧视比疾病更可怕。"因此，大队民警特别注意营造平等关爱的氛围，通过日常生活中的一些小事来温暖戒毒人员。有一次王平去医院看病出来，刚好下起了大雨，正在王平为忘记带伞而懊恼时，民警带来了一把伞为他挡住了大雨，这样的举动让王平很快放弃了抵触心理。他说想不到自己平时表现这么差，民警还会去关心他。王平是外省籍，节假日都没什么亲人来探视，感觉不到家庭的温暖。于是在王平生日当天，大队民警召开了当月生日戒毒人员的生日主题会，给他们准备了蛋糕、水果等，让他们过了一个快乐的生日，还安排戒毒人员在分所广播室给王平点播生日歌曲，让其充分感受到戒毒所这个"家"的温暖。

3. 培养兴趣爱好，转移对疾病的关注

王平平时比较喜欢音乐，于是民警让王平加入音乐兴趣小组。在小组的带动下，王平感受到了兴趣活动的快乐，较好地转移了其对疾病的过分关注。

渐渐地，王平性格变得开朗了。在一次情景剧比赛中，他主动报名参加，凭着自己对音乐的喜爱充分展现自己，获得了较好的名次。不久他又主动报名参加了汽车美容技能培训，并通过考核拿到了职业资格证书。

拥抱生活，希望就在前方

解戒后，王平离开了之前的生活环境，去了一个陌生的地方开始新的生活。可是由于自己情况特殊，且无学历、无专长，企业应聘又要进行体检，像他这样的 HIV 感染者想找到工作谈何容易，这些困难曾让他一度消沉，几度在复吸的十字路口上徘徊。关键时刻，他总想起母亲的临终遗言："如果可以，我愿意用我的生命去换取你的生命。"他想，如果再走回吸毒的老路，那么一切就都完了，家里还有父亲和小孩需要照顾。他想起戒毒所民警们语重心长的教诲和一次次的促膝谈心，终于在复吸的悬崖边刹住了车。后来，王平用自己在戒毒所学到的汽车美容技术，在一家洗车行应聘到了洗车服务岗位。虽然，这份工作比较累，但他发觉这样的生活让他过得很充实，不用再担惊受怕。他用心工作，又善于处理与客户的关系，得到老板的赏识。洗车服务岗位并没能满足他对生活的期盼，他要向着更高的人生目标前行。通过朋友介绍，他到熟人的公司开起了货车。一段时间的努力工作后，他有了一定的存款，也积累了许多人脉关系并获得了物流工作经验，于是他筹集资金，果断地申办了一个物流公司。经过两年的打拼，公司订单越来越多，他又聘请了两名专职司机，生意也越来越顺，越来越红火。

如今，不沾染毒品的他，每月能寄给父亲三千多元。他说，吸毒时，自己给家人造成了巨大伤害，让家人受尽了委屈。经过民警和社会的帮助，自己改过自新，通过努力赚了钱，就要多尽点孝心。王平父亲拿着儿子寄来的钱，心里美滋滋地逢人就说："这是我儿子寄给我的。"乡亲们无不流露出赞许、羡慕的目光。

【采写手记】

本案例中的戒毒矫治工作之所以取得成效，主要是因为让王平了解了艾滋病的发病常识，减少了恐惧心理，并教会其积极利用心理暗示的力量，从心理上增加正能量，随后让其融入集体，感受大家庭的温暖。其次是善于发现他的亮点，给予鼓励，让其感受到自己并不是一无是处的人。主要有以下三点体会：

一是要运用集体智慧解决问题。当王平以 HIV 感染人员身份向民警提出不合理诉求时，大队成立了矫治小组，采取循症矫正手段，每实施一样措施都要通过讨论、论证，运用集体智慧解决问题。

二是要科学矫治，消除其恐惧心理。首先，集体的关爱是关键，大队民警积极宣传艾滋病防治知识，建立以人为本的场所氛围，以宽容的心态，给 HIV 感染者更多的人性关怀。其次，要提高感染者的心理应急能力。调整其对疾病的看法，为感染者创造舒适、亲切的环境，帮助他们正视疾病，学会自制、自我解脱和安慰。再次，要加强意志锻炼，以分散他们的注意力，使其精神放松，控制不稳定的情绪和行为，告诉他们有关此病的治疗进展情况，使感染者生活在希望中。最后，要调整他们的心理，消除恐惧感，积极与疾病做斗争。

三是要借助社工志愿者群体，减轻其抵触心理。这类社会群体可以在受过专门训练的社工的指导下开展各类工作，给感染 HIV 的戒毒人员提供精神支持和情感支持，均能取得较好的效果。

（采写人：古孟祥）

"昔日'白魔'把我从人变成了'鬼',是戒毒所把我从'鬼'变成了人。"……民警的教诲,亲人的叮咛,如春风、似甘露,滋润着周兵的心,他的改造有了较大的进步。

不信东风唤不回

几经周折,终于见到了周兵(化名)。我仔细打量着眼前的他,看着他那健硕的身躯,黑黑的脸庞,左手夹着一个皮包的样子,很难把他和当年的"瘾君子"联系在一起。也许被我看得不好意思,他忙递给我一支烟,我婉拒后拍了拍他壮实的肩膀说:"你整个人都变了,过得不错嘛!"他忙说:"哪里,哪里,今天有点小成就,得感谢戒毒所的民警们。昔日'白魔'把我从人变成了'鬼',是戒毒所把我从'鬼'变成了人。"

是啊!他这一句话把我的思绪带到了多年前的那一天,在戒毒所工作的我认识了刚入所戒毒的周兵,没多久就和他熟悉了。

周兵已婚,有小孩。2001年开始吸毒,曾经5次被送入戒毒所戒毒。2012年3月解戒后,至今保持戒断未复吸。

周兵被戒毒所强制隔离戒毒后,在入所教育大队一直表现较差。他自恃是"三进宫"学员,摆出一副"死猪不怕开水烫"的样子,队列操练时漫不经心,经常出错,习艺劳动时磨磨蹭蹭,还经常和其他学员打架,因此多次受到单独隔离管理等处罚。

亲情让"坚冰"融化

那天,周兵从单独隔离管理室出来后,被调到另外一个分队,情绪一直不稳定。分队长及时找他谈话，和他谈人生观、价值观，谈家庭、责任感。他双眉紧锁，听不进去，反复说："不用再给我说这些了，谢谢你们的好意。"

过了几天，待周兵情绪好一点的时候，分队长为他申请了心理咨询。所里的心理咨询师对他说："你还年轻，你愿意这样消沉下去吗？你不为自己着想，也应该为家庭着想啊！"周兵听了，触动心事，开始抽泣，流着泪说："什么家庭，什么责任？家里人都不要我了，老婆、父母都不理我，还谈什么责任不责任？"他一股脑儿倒出了内心的苦闷、不满和对家庭的怨恨。他说："我也曾有过金色的童年，学习成绩一直在班里名列前茅。由于父母要经商，就把我扔给了乡下的奶奶看管。父母从来都只知道赚钱，很少过问我的学习情况。我家庭生活富裕，又有奶奶百般呵护，便养成了衣来伸手、饭来张口的惰性，学习成绩也开始下滑。后来，我结识了一些无业青年，沾染了赌博、酗酒等恶习，不愿读书了，最后辍学在家。1996年经不住朋友的引诱开始吸食毒品，被发现后送去戒毒所戒毒，出来后不久又吸上了，又被送到戒毒所戒毒。"是的，周兵这样反复的吸与戒，百万家财已散尽，家人伤透了心，亲情也割裂了。他被送到所里几个月间，家里人也没来探视过。他每次见到别的戒毒人员有家属来探视，心里就极不平衡。现在，他把这一切都归咎于家庭，又怨又悔地说："要是父母能给我良好的教育，我会落得今天的下场吗？"

他尽情倾诉，心理咨询师根据已收集到的详细资料，分析其心理行为特点。周兵的表现：喜欢进行外归因，把这一切都归咎于家庭、社会，具有偏执型人格特征，对事物极度敏感，对侮辱和伤害耿耿于怀；思想行为固执、敏感多疑、心胸狭隘。针对他这种情况，咨询师向大队领导提出了管教建议，动员周兵家属来所帮教。

大队领导多次联系家属来所帮教，他的亲人却总是推辞说，家里很忙来不了，让他自己照顾自己好了。大队领导并不气馁，又联系了当地居委会，反映这一情况，希望居委会帮忙做通周兵家属的思想工作，尽快来所帮教。经过居委会的积极协助，周兵妻子终于答应来所看望。

那天，在会见室出现了十分感人的场面，他妻子带着读小学的儿子来了。周兵看到家里人，一下子愣住了，眼眶也湿润了。妻子对周兵说："为了这个家，为了两位老人和小孩的生活，我拼命干活打两份工。有一次，在搬东西时把腰扭伤了，至今还在治疗，打着绷带，医疗费还没付清呢！咱妈看到我这么累，有空就出去捡垃圾帮补家用。小孩很懂事，学习成绩很好，在放学路上见到能卖钱的瓶瓶罐罐，总是带回家交给奶奶。"周兵一听，再也控制不住自己，放声大哭，责怪自己没有承担起应负的责任，这时，儿子也撕心裂肺地哭喊着爸爸。这感人的场面，使在场的民警也流下了眼泪，并特意给他们延长了会见的时间。待周兵的情绪慢慢平静下来后，妻子告诉他，家中的两位老人虽然很生气，但内心还是很牵挂他的，老人身体也不太好，心里最放不下的就是他了。"希望你能争气，早日戒掉毒瘾，回家团聚。如果你再这样下去，我也支撑不住了，这个家也许就要散了。"周兵听着妻子的话，看着妻子因劳累过度而憔悴的脸，默默地点了点头。

经过这次家属帮教，周兵对改造的态度有了明显的转变。大队领导趁热打铁，开展了一次感恩教育活动，要求每个戒毒人员写一封家书给父母，感谢父母的养育之恩。周兵很认真地写了一封家书，书中表达了对父母、亲人的感激和自己的忏悔之情。他惴惴不安地把这封家书交给了民警，民警观察到他情绪的变化，看到了希望，及时把信发了出去，并安慰他耐心等待。在等待回信的日子里，他情绪有些不稳定，民警担心他出现意外，又及时为他申请了心理咨询。戒毒所的心理咨询师通过多次咨询，帮助他纠正不良的归因方式、错误的认知，解开他心里的结，使他对自身及人格缺陷有正确、客观的认识，并自觉产生改变的愿望。咨询师还有意识地让他参加团体训练活动，通过"盲人走路""信任背摔"等游戏，让他学会信任他人，消除不安全感，让他感觉到大多数人是友好的、可以信赖的，不应该对管教民警、戒毒人员，尤其是对家人存在偏见和不信任态度，要求他克服偏执心理，改变对人和事的偏见，多与家人沟通，以实际行动求得家人的谅解，寻求亲人的支持。

经过多次心理辅导，他终于明白："走到今天这一步，不仅仅是家庭、朋友的问题，家庭、朋友只是一个外因作用，很大程度上还是我的错误行为造成的。"

过了一段时间，周兵惊喜地收到了父亲的来信。在信中父亲不但原谅了他，而且还鼓励他，告诉他"浪子回头，十年不晚"。又说毒瘾虽然难戒，但可戒，关键是要有决心和信心，希望他克服困难戒除毒瘾，早日回家。家属来所帮教，父来信诫勉，割裂多年的亲情终于弥合了，民警的教诲，亲人的叮咛，如春风、似甘露，滋润着周兵的心，他的改造有了较大的进步。

面包让他倍感人间真爱

那天深夜，阵阵寒风把值班室的窗户刮得呼呼作响，周兵突然肚子疼得翻滚在地上，值班民警及时向大队领导汇报情况。领导二话不说，马上披衣下床冒着严寒把他送到医院，经过检查、输液、服药后，他的病情好了一些。看着忙碌了大半夜没休息的大队领导，周兵心里有丝丝的不安，他对大队领导说："你放心，我不会给你添麻烦的（意思是不会逃走），你也休息一下吧！"大队领导说："你现在是病人，好好休息吧！别想那么多，输完这瓶液，我会叫护士帮你换上。"躺在病床上的他哪里睡得着，想到自己以前许多无理取闹的行为，给所在大队添了不少麻烦，深感羞愧。

天亮了，民警也准备交接班了。躺在床上迷迷糊糊的周兵，一睁眼就看到熟悉的管教民警过来了，这时他感到口渴难耐，民警为他倒了一杯水后，问他："现在感觉怎么样？"周兵说："还好，就是感到浑身无力。"民警刚送小孩上学，来不及吃早餐，是拎着两个面包和一瓶牛奶赶过来的。民警关切地说："你这次病得不轻，昨晚折腾了一夜，肚子也饿了，刚问了医生说你可以吃东西，这些早点你先吃吧！"此刻，周兵感动得坐了起来。他还记得那次在车间他和这位民警顶过嘴，平时也让他操了不少心，想不到今天他还能这样对待自己。周兵推辞不过，用颤抖

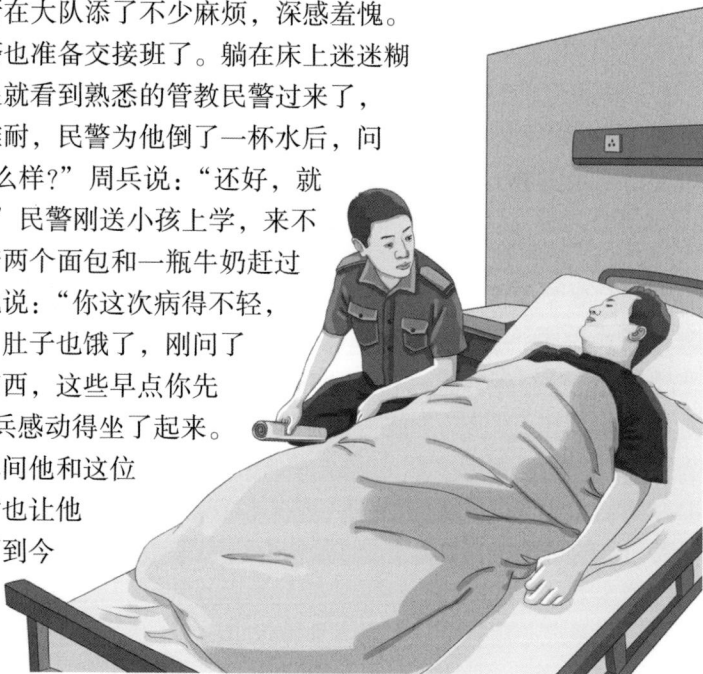

的双手接过还温热的面包，连声道谢。这个小小的面包，再次撼动了周兵的心灵。他出院后，就像变了一个人似的，不但自己能自觉完成各项任务，有时还会主动帮助本组落后的戒毒人员。

厌恶疗法让他毒念渐消

看到他的进步，管教民警喜不自禁，对他的思想转变给予充分的肯定，对他一些反复无常的行为给予更大的包容，并且不失时机地进行教导、谈心，以巩固改造成效。为了让他更好地理解人生和责任，大队领导经过讨论，决定让他担任小组长。一次在生产车间，他与组员发生了激烈争吵，差点打架。民警找他谈话时，他说自己有时控制不了情绪，特别是头脑中产生吸毒的念头时就特别强烈。民警指出他的不足，告诉他这是吸毒人员在戒毒期间出现的正常反应，要学会控制，并建议他寻求心理矫治中心专业人员的帮助。在心理矫治过程中，咨询师给他分析了戒毒的方法和效果，表明生理脱毒不算成功，只有心瘾戒掉了，才能成功，他这种情况说明心瘾还没戒掉，并给他介绍了几种较有效的戒毒方法。最终，他选择了厌恶疗法进行矫治。

厌恶疗法是戒毒所对戒毒人员进行的一种拒毒能力训练，是在戒毒人员一产生吸毒的想法时，就立即给予刺激性惩罚，使其感到厌恶而控制不良的想法和行为的一种治疗方法。首先，咨询师把他带到一个模拟的吸毒环境中，让其看到"白粉"和注射器，在他产生了强烈的吸毒冲动后，咨询师立刻给他播放戒毒教育光碟，内容主要是吸毒后感染皮肤病、艾滋病的惨状等许多令人厌恶的画面，还有家人、朋友对吸毒人员表现出厌恶、社会上千夫所指的情景。他看了后灵魂受到触动，明白了如果再吸一口就会走回老路，世人皆厌，家破人亡。当他说心里难受，不想再看下去时，咨询师就把他带到音乐治疗室，让他想象现在是在无毒的环境中，让其全身心放松，采用合适舒服的姿势，进行音乐治疗。一个多小时后，他进入了放松的状态，身心恢复平静。咨询师又对他进行了心理辅导，让他对有毒念和无毒念的情绪进行比较、体验。他感觉到无毒念的时候更舒服，咨询师让他继续保持这种体验。最后，咨询师还给他布置了课后作业，让他背诵戒毒信条，同时要求当他再出现吸毒念头时，就把戴在手上的橡皮筋尽力拉开弹手腕，直到感到疼痛为止。周兵每天对矫治情况进行记录，每周向管教民警汇报一次。据管教民警反映，后来他的自我控制能力得到了进一步提高，与人发生摩擦后也不会再那么冲动，想吸毒的次数每天都在减少。

拓展训练让他信心倍增

周兵在反反复复的过程中进步着，步伐虽然不是很大，但是让人看到了良好的前景。他还有半年就要解除强戒了，有时不经意间会流露出焦虑的情绪。一次谈话中，他说出了心里话，说怕戒毒信心不足，出所后又会被毒友缠上。管教民警鼓励他继续保持良好的改造态势，并及时向咨询师做了反映。咨询师针对他的情况，让他和存在类似情况的戒毒人员进行多次拓展训练。让他发现自身的潜力，他在同质的团体中体验竞争与合作，在竞争与合作的各个项目中加强自身的责任意识及团队意识，正确认识自我、悦纳自我，并增强自身体能，拓展自身潜力，培养坚强意志，增强抵抗能力。戒毒所开展的以"战胜困难，提升自我"为主题的户外拓展活动，让他得到了很好的锻炼。他说："在拓展中有些项目看起来无法完成，但通过一次又一次的尝试，最后还是成功了，这让我体会到了成功的喜悦，我想戒毒也是一样，看起来非常艰难，但只要努力坚持，就能挖掘自己的潜能，参加拓展活动让我对戒毒的信心更足了。"

创业培训让他插上了致富的翅膀

回归社会6年后，周兵热情地领着前来进行回归社会调查的民警参观了他的小型生产车间，车间里有15名工人，妻子负责管理，他负责进货和出货。周兵绘声绘色地介绍着自己的生意，描绘着车间的发展前景。还不好意思地笑着说，其实这都是得益于戒毒所举办的创业培训呢！SYB（创业培训）是国际劳工组织为帮助微小企业发展，促进就业，专门研究开发的一系列培训小企业家的培训课程。创业不仅有利于拓宽劳动者的就业门路，为社会创造更多的就业岗位，而且有利于实现劳动者的个人价值，在全社会形成创新创业的氛围，推动社会经济的持续、快速、健康发展。

他说："我刚出来时也四处碰壁，想找份合适的工作很难，还到处遭人白眼。于是，我想到了自己在戒毒所拿到的创业培训证书，对目前的市场需求、周边资源、自身优势以及创业可以拿到的小额贷款进行了认真细致的分析，在和妻子商量后，我就开始行动了。"他继续说："我很感激我的家人，真的，在我多次戒毒后，家人最终还是包容接纳了我，特别是妻子为这个家付出了很多心血，我解戒回来时，看到曾经富裕的家，被我弄得破败不堪，看着躺在病床上的父亲，看到渴望父爱的儿子……我就想如果我再去吸毒，我还是人吗?!"

当我们问他有无"粉友"来纠缠时，他说："刚出来时，那些'粉友'就把毒品送上门来免费给我吸，我硬是把他们挡回去了，并和他们断绝了来往。但他们还不甘心，就把毒品丢在我家院子里引诱我，当我看着那一小包'白粉'时，我就想起戒毒所民警的谆谆教诲，想到好不容易坚持到今天，决不能前功尽弃，于是我把它丢出了门外。从此，那些人也就不再找上门了。当然，每当有想吸毒的念头时，我会及时转移注意力，把更多的精力投入到工作中。当一个人忙碌而又充实的时候，就很少有时间'想毒'了，直到现在我还天天戴着橡皮筋呢! 你看。"他边说边抬起手腕给我们看，"当我'想毒'的时候就狠狠弹自己一下，这种方法随时可以警诫自己，还是很有效的。"我们由衷地替他高兴，但愿他在戒毒和创业的路上越走越好!

【采写手记】

禁毒法实施以来，戒毒所的功能发生了新的变化，被赋予了新的历史使命，强制隔离戒毒突出戒毒的功能。因此，针对当前戒毒人员的戒毒心理等方面的新变化，我们必须不断更新观念，特别是要大胆尝试各种心理矫治手段，使我们的戒毒工作更具有针对性和实效性。本案例的启示如下:

首先，帮助周兵修复冷漠，甚至是恶化的亲情关系，让他在亲友和民警的合力关爱下，构建起良好的家庭和管教关系，振奋精神，激发起积极向上的改造动机。

其次，戒毒所的咨询师采用了认知治疗技术，改变他错误的认知和归因方式，运用音乐治疗、拓展训练等多种行之有效的方法，帮助他解除心理障碍，舒缓身心，激发潜能，逐渐建立起戒毒的决心和信心，取得了理想的效果。

最后，广东省各戒毒所举办的创业培训，适应了新时期社会发展的需求，让周兵在戒毒所掌握了一技之长，并运用所学知识积极主动地融入社会，进行创业。周兵不但解决了十多人的就业问题，而且为自己的彻底戒毒打下了坚实的基础。这是一个说服力较强的例子，对戒毒工作有着较好的启迪作用。

（采写人：古孟祥）

邓薇解戒后给戒毒所的民警写了封信。她在信中告诉民警，自己在佛山市一家家居橱柜店找了份销售的工作，还提到自己已经过了 18 岁的生日，是一个成年人了，得为自己的行为负责了。她还说待工作稳定后，想找一间夜校读书，争取多学些知识，多掌握些本领。

蝶　变

初到大队时，这位年仅 16 岁的漂亮女生对于周围的环境是抗拒和不能适应的，她对各种活动、任务都不感兴趣，不爱与人交流，终日一言不发，独来独往。民警看到这种情况，经常通过谈话聊天、心理辅导等方式去了解、开导她，鼓励其将讲不出的思绪与想法写下来或者画出来。

用其所长　打开心扉

邓薇（化名），女，2013 年 11 月 11 日，也就是刚过完 16 岁生日的一个月后，她被送至广东省某女子戒毒所接受强戒。

一次巡班时，教育民警发现她画画特别有天赋，于是安排其参与当月黑板报绘画工作，邓薇没有表达自己的想法，站在黑板前面一言不发。民警跟其讲解了那期黑板报的主题，让其根据主题自由发挥，画出自己心中最美丽的图案。黑板报小组的其他成员也鼓励邓薇大胆作画。邓薇终于拿起画笔，慢慢地在黑板上画了起来。

那几天，邓薇说话变得比平日多了，带着小姑娘的羞涩，虚心向其他戒毒人员和民警咨询意见，虽只是三言两语，但其不断对自己的图案做出修改，最终画出了一幅朝气蓬勃的荷塘夏景图，得到了民警的一致好评。这时候，邓薇脸上露出了灿烂的笑容，这是她到大队以来第一次出现笑容。

之后，民警把每月的黑板报都交由她负责，结果每次的板报都很有创意，得到民警与戒毒人员的一致称赞，这让邓薇获得了自信，变得开朗起来。在做工艺品或大队搞活动时，有不少的戒毒人员找其帮助指导，她也不会拒绝，总是帮助他人一起完成。

大队排练节目时，需要一个配角，邓薇长相漂亮清秀，大家就推荐她去演。刚开始排练时邓薇还显得有些拘谨，后来在民警的鼓励和其他戒毒人员的带动下，她最终把"翠花"演得惟妙惟肖，原来这位平日里沉默不语、不爱与大家交流的小姑娘，是一个性格开朗的小女孩。

经过多次鼓励与带动，邓薇开始适应大队的戒治生活，与戒毒人员、民警之间的交流互动也变多了。虽然话还是少，总带着羞涩，但是可以看出来邓薇渐渐打开了心扉，愿意与他人做朋友，愿意接受自己，接受身边的一切，变得积极乐观了。

用心教育　锤炼心智

邓薇的班长解戒之后，班上进行新班长投票选举，竟有超过一半的学员选了邓薇。大家说她虽然年纪小，但是乐意帮助他人，性格爽朗，做事比很多年龄大的人稳重。这样的投票结果，让邓薇既惊讶，又感动。

邓薇很犹豫，说自己没有当班长的经历，不知道该怎么处理一些事件，又觉得自己年纪小，怕做不好。于是管教分队长对她说："哪个人一出生就会走路呢，还不都是经过各种摸爬滚打，才慢慢踏出第一步的。既然选择你当班长，说明大家信任你，你要更加相信自己。要继续发挥自己的优点，努力

做好本职工作，用心服务，不辜负班上学员的期望。这是锻炼自己的一个机会，权当在学校时你就是班里的班长一样锻炼自己。"

刚开始接手管理班级的时候，邓薇确实有点不知所措。班里学员年龄跨度很大，年纪最大的都可以当邓薇的奶奶了，而年纪最小的就是自己。有一次看见班上戒毒人员为了一些事情争吵，邓薇上去调解，大家都说她年轻不懂，不怎么听她劝。另有一次，班内两个"顽固"人员，因内务安排问题争吵了起来，邓薇一直在旁边劝也没能制止住，后来发展到动手打了起来。民警马上赶到处理事件，并对班级进行严厉处罚，班级其他戒毒人员怨声一片。

事情发生后，邓薇感到十分受打击，她跟民警谈心时表示，没有尽好做班长的责任，没有管理好班内学员，觉得自己不称职。民警和管理分队长看到邓薇有想管理好班级的良好愿望，便引导邓薇适时总结自己的工作，把处理班级情况中遇到的"疑难杂症"都写在一个小本子上，随时向分队长汇报，一起研讨解决问题的方法。同时，民警还及时教给她正确对待挫折的态度和方法，培养她不屈不挠的品格。

这个小本子一直保留到她解戒出所，邓薇说当班长很累，特别是自己年纪小，在很多事情上都缺乏经验。但通过当班长，她学到了很多管理方法，学会了很多调解矛盾的为人处世的技巧，自己在班长这个岗位上逐渐成熟起来，所在的班级也好几次被评为优秀班级。

邓薇一直在努力写稿。由于文化水平不高，写的稿子不是很成熟，欠缺表达技巧，文章也是断头断尾的。在民警的批改与自身的不断努力下，她后来写的稿子越来越成熟，还多次被刊登在所内的《柳岸》杂志上，其中她写的《我的爷爷》还曾被省局小报《矫治在线》选载。在平时所里的征文比赛中她也曾多次获奖。

直面挫折　一米阳光

邓薇解戒后给戒毒所的民警写了封信。她在信中告诉民警，自己在佛山市一家家居橱柜店找了份销售的工作，还提到自己已经过了18岁的生日，是一个成年人了，得为自己的行为负责了。她还说待工作稳定后，想找一间夜校读书，争取多学些知识，多掌握些本领。

邓薇自述出来工作一年多，凭着自己的努力已晋升为店里的销售经理了，并坦言这一年多过得并不如表面上看起来的这么轻松愉快，因为自己曾经吸过毒，被强制隔离戒毒过，所以付出的努力也会比别人多很多。所幸，自己总是遇到很多"贵人"。

邓薇一开始在店里工作时，老板并不知道她的过去，看中的是邓薇脚踏实地、埋头苦干的精神。邓薇年纪虽轻，但有着一股超越年龄的成熟稳重，在处理与顾客及同事的关系上都有着同龄人没有的经验，同事们都很佩服她，顾客也很喜欢她。邓薇不断为店里增加业绩，正当老板想提拔她时，她曾被强制隔离戒毒的经历被发现了，提拔计划随即搁置了。

邓薇感到非常沮丧，觉得自己这么努力也抵消不了曾经犯过的错。她甚至想过放弃自己，脑海中甚至还闪过回到以前醉生梦死的状态的念头。但是，每次危急时刻，她总能回想起民警们的谆谆教诲，警醒自己正确对待挫折，重拾信心，然后坚定地回到工作中去。她总是安慰自己，哪怕不升职，只要有一份工作可以养活自己，可以供自己读书学习，也是好的。

邓薇的努力没有白费，老板看中了她的能力与品格，不顾他人的反对，仍然晋升邓薇为区域销售经理。邓薇心存感激，为了不辜负老板的期望，她更加卖力工作，不断提升业绩。

"我现在每天晚上睡前还是会想起在戒毒所的生活，失去自由的生活太煎熬了，但我不后悔去过那里，反而很庆幸，庆幸自己来到了五大队，庆幸自己遇到这么好的民警，庆幸自己及时悬崖勒马，庆幸自己在强制戒毒所里学到了各种能力与知识。如果我没有及时被强制戒毒的话，一定还在浪费生命，更不敢想象自己接下来的人生是怎样的。"这是邓薇在回归社会后寄来的第一封信。

【采写手记】

近年来，吸毒人员低龄化趋势明显，像邓薇这样未成年就接触毒品的孩子在戒毒所越来越多。这一类未成年吸毒者都存在一些共同特征：一是性格叛逆，有自己所谓的主张，不轻易听人教导；二是文化教育程度不高，对未

来没有认真规划；三是家庭教育不同程度缺失，与家人关系紧张等。未成年人如果对毒品没有正确的认识，极容易吸毒，有时候强制隔离戒毒可能是这类孩子最好的经历。对这个年龄段孩子的教育矫治改造工作往往比较复杂，但同时他们的可塑性又是最高的，对他们的矫治教育更需要民警们的耐心和因材施教，具体方法如下：

第一，可通过日常细心观察、聊天谈心、心理游戏等方式走进他们的内心，了解他们的故事，掌握他们的性格与心理特征。对于不同性格和心理特征的戒毒人员，应采用最适宜的方式方法促进他们与民警的关系，获得他们的信任，从而对他们有更多的了解。

第二，根据了解到的情况，选择最合适的方法教育和引导他们，让他们重新回到正确的成长道路上来。一是对封闭自己内心的未成年人要通过不断的聊天开导，适时进行一些心理游戏，引导班内成员平时多给予这类成员关心和帮助，让他们感受到温暖，接受矫治改造。二是对于内向害羞、不善于表达的成员，多给予鼓励和支持，使他们重新认识自己，挖掘自己的潜力，树立自信心，发挥其特长与能力。三是对于家庭教育缺失的成员，可联系其亲人，实施家庭帮教，与其家属联手教育帮扶完成矫治改造。

第三，对于所有未成年戒毒人员，要加强对其的文化教育，提升他们的文化素质水平，使他们深刻认识到毒品的危害，引导他们对生活产生希望，教育他们通过正确的路径追寻遗失的梦想。

每个人的未来都掌握在自己手中，即使道路曲折、坎坷，甚至会有荆棘阻挡与徘徊在十字路口的迷茫，但只要不忘初心，抵御诱惑，坚持不懈，所有戒毒人员都能通过自己的努力重新收获美好的未来！

（采写人：李佳婷　刘红珍　刘秀萍）

凭借农家小伙的拼劲和闯劲，他一边起早摸黑搞基础建设，一边拿起书本从零开始学习养殖技术……

浪子回头金不换　　创业致富奔新生

　　某市靠近海边的一个僻静小村庄里，一位年轻人用他的勤劳和执着耕耘着农田，为家乡的乡亲父老撑起一片发家致富的绿荫。他就是该村的劳动致富能手——吕平（化名）。然而十几年前，他曾经是一位被人唾弃的"瘾君子"。

　　吕平，男，1998年，年方20的他，在热血、冲动、好奇的驱使下"染毒"了。十多年的毒海沉浮，监狱、戒毒所几进几出，吕平韶华不再。但值得庆幸的是，2011年2月他因表现良好得以提前解戒回归社会，至今未复吸。

毒品　摧毁所有

　　这里，是沿海小镇，既是港口，又靠近香港。由于地理位置得天独厚，这里曾经是走私的"天堂"，挣了钱的人尝试外来的新鲜玩意儿，毒品也被走私进来并悄然泛滥起来了。

　　1998年，吕平还是一位年轻的小伙子，有疼爱他的父母，有远大的理想。但是仅仅因为好奇心，他沾染上了毒品，从此学业荒废。家里经济渐渐没落，值钱物品都被他折换成现金购买毒品了。最终，家里一贫如洗。村里、镇里，熟悉的人都躲着、避着他，亲情、友情，也都离他而去。

帮教　春风化雨

2009 年 5 月，吕平再次因吸食毒品被送去强制隔离戒毒。这次，已经是吕平第四次戒毒了。

戒毒所的民警并没有因此而放弃他，而是按照"以人为本，科学矫治"的工作方针，细致、耐心地对其进行教育矫治。民警以思想开导为先，列举许多戒毒成功的事例，分享美好的人和事，让他相信，世界上还有许多美好的东西；而他还年轻，未来的路很长，值得追求的事物很多；做人一定要有目标、有追求。教育转化开始的阶段，或许是出于对未听说过的事与人感兴趣的原因，吕平听得很认真，不时还附和几句。

一段时间后，吕平渐渐地对教育矫治表现出厌倦情绪，并夹杂有抵触情绪。民警从谈话中发现，每每说及他的家人和孩子，他就不由自主地变得黯然神伤。针对这一情况，民警抓住"亲情"这一突破口开展教育转化工作，给他讲述了许多和睦美好的家庭生活，以及亲人之间的相处之道；特别是对于孩子，他应该承担起父亲的责任，为了孩子的前途，要勇敢地面对并克服困难。

通过亲情感化，吕平的心门渐渐打开了，他逐渐恢复了对未来生活的信心，开始面对现实、迎接困难。

随后，民警及时同他谈起了正确的人生观，引导他认识到，每个人，从来到这个世界开始，都会遇到各种各样的幸福和困苦，但无论如何，我们都要以一种平和的心态去面对。人活着就应该有人生

目标，在实现目标的过程中始终对自己负责、对家庭负责、对社会负责。

此外，民警发现吕平的人生价值取向严重扭曲。第一，好逸恶劳思想严重。总是幻想可以不通过劳动而获得巨大的财富。第二，自我约束力差。虽然能够认识到某些错误，但是不能严格要求自己，时常明知故犯。民警通过实际行动来感化教育他，安排习艺劳动，促使其养成良好的劳动习惯；同时，列举历史上贪图享乐、好逸恶劳的典型事例，教育他摒弃恶习；针对他约束能力差的情况，采取常规化的集体生活作息行为训练，严格要求他遵守规范，和睦地与他人相处，宽容大度。通过这样的方法，促使吕平养成遵规守纪，能与人和睦大度交往的习性。

最后，民警着重加强毒品危害认知教育。以前，吕平对毒品的认识存在很大的误区，认为吸毒可以消除烦恼，是能使人尽情享受的"神仙药"。一方面，民警为吕平介绍了许多毒品危害认知与毒品预防的知识，给他讲解形形色色的毒品对人体的伤害，使其从心理上对毒品产生恐惧和厌恶。另一方面，民警还对其加强法律法规的学习教育，让他了解到吸毒和种毒、贩毒、运毒一样，都是违反国家法律法规的行为，会对社会产生严重的负面影响，教育他应当成为一个懂法、守法的公民。

回归　栉风沐雨

解戒后，吕平回到了家乡。毒瘾虽然戒除了，父母也重新接纳了他，但他心灵上的创伤却难以抚平。和其他解戒人员一样，吕平面临着生存和社会的压力。他说每当此时，民警对他的教诲就会回响在耳边。他知道，他将要走的路困难重重，可是他不能认输、不能放弃。

就在他苦苦坚持的时候，镇政府和村委会干部、禁毒志愿者、社区民警、司法所的同志带着热忱，走进了吕平的家，他们从思想解压、就业渠道等方面帮扶他。

在大家的支持下，吕平筹措资金在村里开了一个杂货店。他十分珍惜这次来之不易的机会，从买货送货，到开铺销售，一个人忙前忙后。从布置店面，到经营核算，到处张罗。看到他开始走上正轨，司法所、村委会和村主任张伯等帮教人员都定期到店里做客。一方面了解其生活近况，继续打好"预防针"；另一方面也为小店带旺人气。受他们的影响，村民也渐渐开始接纳这位回头的浪子了。有了精神寄托和大家的支持，吕平全身心投入到杂货店的生意之中。经过诚信经营，一年后杂货店纯收入达四千元，虽然不算丰厚，但这是他沾上毒品之后赚到的第一笔钱，他觉得自己找回了做人的尊严。

好事接踵而至，在村主任张伯等人的撮合之下，吕平与邻村一女青年组建了家庭。一年之后，孩子呱呱坠地，他终于和普通人一样过上了正常、幸福而平凡的生活，而这一切是他过去十多年不敢奢望的事情。

创业　涅槃重生

生活稳定下来之后的吕平更加放开了手脚，在镇政府和关工委的支持之下，他投入25 000元砌猪栏、挖鱼塘，搞起了养殖业，而村委会更是划出几十亩的荒山免租让他开垦农场。凭借农家小伙的拼劲和闯劲，他一边起早摸黑搞基础建设，一边拿起书本从零开始学习养殖技术。经过艰苦奋斗，硬是把30头猪崽和5万尾鱼苗的养殖产业做成了。经过诚信经营，他的第一次养殖成品销售就获利近20 000元。

随后，他扩大生产，又投入猪崽100头，鱼苗15万尾，狗10只，种植瓜果树180多棵，真正成了该村的养殖大户，利润翻了几番，不知不觉成了村民们羡慕的对象。如果说刚开始搞养殖是为了向大家表明自己改过的决心，那么成功之后的吕平越发觉得自己应该为本村的发展做点贡献。他把自己的想法告诉了村主任张伯，在得到张伯的充分认同后，带领全村人创业致富的计划开始提上了议程。

在镇关工委和村委会的支持下，吕平决定发动全村人搞规模种植、养殖业。但是，规模种植、养殖毕竟投入大、风险高，技术要求过硬，面对这个年轻养殖户提出的建议，大多数村民迟疑了。为了打消大家的疑虑，吕平先从本村开始，挨家挨户对村民开展种植、养殖业的行情进行摸底，了解他们创业的意愿和遇到的困难，并对技术问题进行解答。村民们对这个放弃了自己生产和休息时间，在田间地里和村民家中来回走访的年轻人产生了兴趣，对他描绘的蓝图也有了一定的了解。终于，村民代表、村委会干部和吕平坐到了一起，对发展本地农业的新路子进行了分析研究。针对当地山头分布较多，很难实现集中连片种养的地理条件，吕平提出"宜种则种、宜养则养、宜租则租"的原则，建议村民培育特色产业，多种形式搞活经济，既相互补充又分散投资的风险。村民们被他的细致、严谨和热忱所感动，在大家的推选之下，吕平当起了全村创业致富的领头人。

从此，组织技术培训、品种推广、田间指导、联系销售成了他的主要工作，白天、晚上都可以见到他忙碌的身影。父老乡亲们仿佛看到了生活的新希望，渐渐地越来越多的有心人加入他的队伍中。

吕平对于目前取得的小成绩非常感恩，也非常知足。他庆幸自己能在戒毒所遇到敬业、奉献的民警，感恩他们的教诲，感激他们在自己解戒回归社会后仍然关心帮助他，始终没有放弃他。感激困难时刻帮一把、扶一把的司法所、村委会的干部，感谢政府对于解戒人员的各项优惠政策。同时，吕平也非常感恩家人和朋友对自己的不离不弃。他要告诫那些还在努力戒毒的伙伴，不要放弃，坚持就有机会，努力就会出成果。

【采写手记】

在矫治重点对象的过程中，应当采用行之有效的方法，比如在个别教育中，可以借鉴教育学上的诸多方法，促进重点对象的转变与进步。同时，还要注意技巧。例如，谈话时，有时需要直接明了，开门见山；有时却需要欲扬先抑，点到即止。面对他们的缺点和错误，有时需要严厉批评，有时需要宽容以待，这样才能使其易于接受。

对于戒毒人员，我们总是希望其发生翻天覆地的变化，希望其矫治成功。虽然这个出发点是好的，但是金无足赤，人无完人，戒毒人员更是如此。正因为他们存在这样那样的问题，才更需要我们去教育。在重点对象的转化过程中，矫治出现反复，其实很正常，我们不能因为他们的一次或几次错误就丧失对工作的信心，而是应该保持平和的心态，理性看待，积极寻找最佳的解决方式。

戒毒人员戒毒成功后回归社会，是一项系统工程。它不仅需要戒毒人员自身戒毒信念坚定，还需要亲情的支持，需要戒毒工作民警的教育转化和帮教。回归社会后的解戒人员更需要当地禁毒、综治、村委等部门的跟踪、支持与帮扶，如何实现无缝对接，是禁毒工作的重中之重。

（采写人：李玉强）

戒毒初期，阿文将自己反锁在房间里，因为吸食的是海洛因，是毒品中戒断症状最为强烈的，因此在毒瘾发作的时候，阿文经常是撕心裂肺的，甚至几度失去知觉。妻子则常常只能在旁边痛哭流涕，不知如何是好。

戒毒艰辛路漫漫　上下求索甘始来

初夏的县城艳阳高照，37 岁的阿文（化名）带领戒毒所民警参观他一手创办的物业公司。中式风格的办公室整洁、干净，墙上的笔墨字画流露出一丝淡淡的书香气息。他拿出小区规划图，自豪地说："这个小区共有 850 多户，算不上大楼盘，但是公司已经赢得了业主们的支持和肯定，步入了正轨。下一步计划就是继续管理好自己的团队，努力将物管、矿厂这些项目做强。"

看着眼前这个挂着自信笑容、眯着双眼的阿文，谁能想到他曾经是一名吸毒人员呢？现在的阿文不仅重新回归社会，更凭借坚强的毅力戒断了毒瘾，用努力与付出成就了一番事业，获得了大家的认同和尊重。

交友不慎入歧途

1997 年初中毕业后，16 岁的阿文便进入一所警校学习，毕业后有过短暂的从事辅警的经历，但结交了一群狐朋狗友。后来，由于家里生意需要，不久他便回到家里帮忙打理生意。1999 年春节过后，在一次朋友聚会上，因朋友引诱，他打开了潘多拉魔盒——毒品给他带来了"全新"的刺激。"在那虚幻缥缈的感觉里，自己仿佛成了上帝般的主宰，受到世间万物的膜拜。"阿文回忆道。那种快感和刺激让他兴奋不已，诱使他隔三岔五就去"享受"，就这样，在一次次期盼快感和享受快感的过程中，阿文染上了毒瘾。被毒瘾缠身的阿文，彻底变了一个人。他开始早出晚归，行踪不定，对家人漠不关心，家中生意也无暇顾及。

纸终究包不住火，家里人察觉到他的异常后，发现了他藏在房间里的毒品。父亲带着绝望的语气谩骂，善良的母亲终日以泪洗面，都未能劝阻住误入迷途的儿子。

自愿戒毒路上的挣扎

看到儿子一次次吸了戒、戒了吸，阿文的父母感到无比痛苦和失望。为了挽救误入歧途的阿文，父母撮合年仅 19 岁的小琴与阿文结了婚。

2001 年也就是结婚的第二年，小琴知道阿文有吸毒恶习后，并没有舍弃他，而是一直默默地守护在丈夫身边。她坚信阿文沉迷于毒害只是一时不慎，他的本心是善良的。期间她拼命学习毒品预防和戒毒治疗康复知识，在日常生活中不断为阿文灌输拒毒、戒毒知识，以期丈夫浪子回头。此时的阿文似乎也在改变，经常信誓旦旦地表示要与毒品划清界限。

尽管戒毒的决心坚定，但是阿文心瘾难戒，在艰难关口，总会给自己找出一个只吸最后一口的"合乎情理"的理由。甚至在妻子分娩，忍受巨大痛苦的时候，还在与那帮毒友吞云吐雾，享受一时的逍遥快活。

阿文深陷"毒潭"难以自拔，常常瞒着父亲偷偷上门收取客户购买钢材的赊账款去购买毒品。父母打也不是骂也不是，恨铁不成钢，母亲最终心力交瘁，重病卧床。

阿文看着两鬓渐白的父亲，卧床不起的母亲，内心被深深触动了，幡然醒悟，他下定决心要戒除毒瘾。阿文开始有意疏远和闪躲毒友。戒毒初期，阿文将自己反锁在房间里，因为吸食的是海洛因，是毒品中戒断症状最为强烈的，因此在毒瘾发作的时候，阿文经常是撕心裂肺的，甚至几度失去知觉。妻子则常常只能在旁边痛哭流涕，不知如何是好。

强制隔离戒毒获得新生

2003 年春节，用尽一切办法均未果的父母横下一条心，主动将阿文交给公安机关戒毒两年，他们把最后的希望寄托在戒毒所上，希望能拉回处于绝望和生死边缘的阿文。

在戒毒期间，父母与妻子每隔一个月就会带上孩子去看望阿文。看着俏皮可爱的孩子、嘘寒问暖的父母、坚守家庭的妻子，阿文逐渐体会到亲情的温暖。这为阿文的戒毒之路提供了家庭陪护的力量。

戒毒所管教民警看到阿文的苦闷，经常找他谈心，着重帮他增强戒除毒瘾的信念与决心，引导他多为家庭考虑，多看正能量的书籍，着眼未来。在一次"弟子规"传统文化教育课后，阿文感叹："这是第一次真正有人教我如何与父母相处，要懂得感恩，今后我要用自己的实际行动去争取父母的原谅，让父母支持我改过自新。"

阿文对毒品危害已然有了全新的深刻认识，他不愿让日夜操劳的父母伤心，不愿让相爱的妻子失望，更不愿让年幼的儿子今后因为父亲吸毒而遭受白眼，他暗下决心戒掉毒瘾。此后的戒治教育中，他连续多次在各类考核中名列前茅。

管教民警把阿文的转变及时转告其父母、妻子，家人的叮嘱也更加坚定了阿文戒除毒瘾的信心。家人的鼓励、民警的关爱，让阿文对自己今后的人生有了规划。2007年5月，阿文从戒毒所走了出来。

回归社会又起复吸波澜

回到家中的阿文开始跟着父亲学习经营建筑钢材、五金材料等生意。由于聪明好学，经过一段时间的摸索，阿文逐渐积累了自己的一套管理方法。父亲放心地让他接管家族的五金销售。看着懂事能干的儿子已步入正轨，父母放下了一颗悬着的心。

到2009年，家里的钢材生意越来越红火。已经接近两年没有复吸的阿文开始自我膨胀起来，放松了对毒品的警惕，思想上麻痹大意。新型毒品如冰毒、K粉、摇头丸、"开心果"的盛行，小型化、易隐藏的形式让人防不胜防。就是那年的某一天，阿文没有经受起诱惑，在朋友聚会中又吸了一口冰毒……

阿文的内心是矛盾的，一方面，他十分清楚继续吸食毒品的后果，民警的教育、家庭的温暖、亲情的关爱都在脑海中不停浮现；另一方面，他的内心深处还存留着对精神、身体麻痹所产生的亢奋、快感的向往，最终心瘾战胜了理智，他再次沉沦。

自愿戒毒治疗康复

　　阿文的家庭因此再次遭受了巨大的打击。
在生意上，两年来努力建立起的客户群，
因为阿文的复吸，都一个个远去。经济
损失尚在其次，重要的是重复
的梦魇使家人濒临崩溃，
妻子悲痛欲绝。
　　所幸阿文的复吸
行为被家人及时
发现并制止。
家人立即
通过

朋友联系了戒毒医疗专家，专家检查后建议，阿文现在需要开展科学、系统
的戒毒康复治疗，并建议他到自愿戒毒中心进行戒毒康复治疗。
　　阿文跟民警们说，自愿戒毒是在一个全封闭、安全"无毒"的戒毒环境
中进行的。他们采用抗精神病药物治疗方法，结合心理和康复治疗，达到抗
拒毒品、消除心瘾的目的。"这次治疗还是有效的，起码让我知晓吸毒是一种
病，要系统根治，否则定做短命鬼。"阿文笑道。

创业致富迎新生

　　经过戒毒康复治疗后，阿文身心渐渐得到恢复，此时的他再也没有想过
在毒品上寻找刺激，反而增强了对家庭、亲情的无限珍惜。现在阿文每个月
要去县交警支队（社区戒毒监管单位）报到，每隔一个星期尿检一次。

除了定期尿检外，阿文每季度要到医院接受一次体能体质康复针的注射，每年到医院接受一次心理咨询和身体健康检查，这一习惯已保持了 5 年。阿文说："现在通过自己几年的努力，大家都重新接受我了，自己也不会被监视了，感觉重新得到社会的认可和尊重。"

2011 年以来，阿文从钢材生意逐渐转型到房地产，几年时间在县城陆续开发了 3 个住宅小区；创办小区物业公司，并收购了一家小型石矿，生产的建筑石料销往县城周边，目前销售收入稳中有升。阿文最大的孩子已考进县城重点中学，家庭生活和睦，成功戒毒的阿文现在终于过上了踏实的好日子。

【采写手记】

不少戒毒者刚开始决心很大，但经过一段时间后，往往就会忘记之前戒断带来的痛苦，总会产生"再来最后一口"的想法，有过吸毒史、意志不坚定的人一旦产生这个想法就会竭力去实践，这也就直接导致了复吸。因此，戒毒逐渐成为社会关心的问题。沾毒人员屡吸屡戒，还能戒掉吗？从阿文戒毒个案分析来看，答案是肯定的。

笔者认为，有效的、成功的戒毒取决于许多因素。首先，戒毒决心要大。戒毒的决心大小，与其日后是否复吸有直接的影响。决心不大，"心瘾"未除，是戒毒后复吸的主要原因。其次，要尽量避开毒友圈。吸毒者一旦离开戒毒机构，回归社会，在旧环境、老毒友的诱惑和影响下，很容易抵挡不住，再次复吸。再次，社会的关爱、家庭的温暖。吸毒成瘾者往往会难以承受家庭破裂、事业失败、信誉扫地、前途无望、受人歧视等来自社会、家庭的各种心理压力，在逃避现实的心态的驱使下重返吸毒之路。阿文无疑是幸运的，有家人锲而不舍的保护和挽救、朋友的支持与鼓励、良好的事业与经济基础等，这些都为他有效戒毒提供了良好的环境。最后，科学的戒毒方法。即对身体进行脱毒治疗的同时，进行心理上的疏导，使其身体逐渐得到恢复，"心瘾"在一定程度上得到控制。

（采写人：温江山）

在吸毒的日子里，自己什么都不想，一心只想着毒品，人生也没有什么追求。幸运的是，我有个好哥哥、好嫂子、好妻子，也幸运地遇到了戒毒所的好民警，正是你们的支持，让我能够挺过来……

年少深堕毒海　重生创业奔富

打开微信，"江老师，这是我上次说的小孩子参加珠心算比赛获奖的奖状。"文字消息下紧跟了几张图片，图片中手捧奖状的小女孩稚气未脱。解戒回归人员杨涛（化名）的这则信息不禁让我回忆起他年轻时轻狂无知堕入毒海，后来通过自身努力戒毒，重生创业奔上致富之路的事情。

年少轻狂堕毒海

出生在浙江的杨涛，初中毕业后就进入社会了。或许是因为年少轻狂，或许是出于对家人的叛逆，他没有随哥哥到广东开厂，而是进入一家公司从事市场营销工作。由于头脑灵活，待人诚恳，初出茅庐的杨涛崭露头角，业绩蒸蒸日上，很快就在公司成了业务骨干，不到20岁的他不但穿戴着一身名牌，还有了存款。

随着业务的拓展，结交的人多了，难免良莠不齐，杨涛开始跟着那些哥们儿出入娱乐场所消遣，借此排解工作压力。这正应了那句话：常在河边走，哪能不湿鞋。记得有一次，他们遇到了一个很重要又很挑剔的客户，他们多次拜访、多次沟通，那客户就是不肯签订合同，派出去的业务员一个又一个垂头丧气，无功而返。于是杨涛把那些业务员狠狠批了一顿，没想到，其中一个业务员反过来驳斥道："杨头，我们是不行，有本事您把他拿下！"杨涛为了证明自己，第二天就去了客户公司，对其软磨硬泡，到晚上十点，客户最终同意签订大单合同。从客户公司出来后，想到即将到手的提成，想到明天向业务员展示自己能力的得意的画面，杨涛心醉了。他打电话叫了一伙朋友，直奔附近的皇家之星夜总会，开了个包厢，并且大手一挥："兄弟们，该吃吃、该喝喝，今晚的消费我全包！"

酒不醉人人自醉！在兄弟们你来我往，推杯换盏之际，杨涛大声宣布自己已将那个很难对付的客户搞定，顿时，房间里响起了一片惊讶、赞许的呼声。随后又掀起一轮高潮，他的同事们一个接着一个过来敬酒。此时志得意满的杨涛来者不拒，开怀畅饮。朦胧中，一个朋友递来一支香烟，"兄弟，来一支！"杨涛接过香烟，就着朋友递来的火机，点着了。或许是酒精的作用，杨涛并没有觉得这烟与自己平时抽的烟有什么明显的不同。只是抽完不久，就觉得挺舒服，再一次投入了"战斗"，直到在酒精作用下躺到房间的沙发上过了那一夜。

第二天晚上，杨涛没有谢绝业务员们的好意，再一次故地重游，昨晚的场景又一次上演。只是这一次，杨涛已感觉到朋友的香烟与自己的香烟有些不一样。尽管入口口感并不好，但是抽完之后的感觉不太一样。散场时，那个朋友顺手塞了几包香烟给他说："这是兄弟的一片心意！"

朋友给的烟抽完之后，杨涛发现自己的香烟好像变味了，连抽好几根也不能缓解疲劳，反而好像浑身不对劲。听到消息，那个朋友又立刻送来两条烟，并告诉杨涛："这是专门为您定制的，提神醒脑！"一个月后，杨涛再次见到这位朋友，朋友神秘地问："我给的烟味道好吧！还要不要？"杨涛就按香烟的价格想再买两条。不料，朋友直接把钱推了回来："这点钱，只能买两支！"面对杨涛不解的眼神，朋友道出了实情，烟里夹杂了白粉。面对朋友当场撕开的一条香烟，感受着体内那难以言喻的疲惫与不适，杨涛只能按朋友要的价格买下了另两条香烟，从此，白粉成了他的伴侣，生活的重心也从业务变成了觅毒与吸毒。不到一年时间，存款就被他吸没了……

纸包不住火，2001年底，杨涛被抓了个现行，被送戒毒三个月。这三个月里，杨涛逐渐了解了白粉的危害，决心戒毒。从戒毒所回家的当天，闻讯赶来的朋友们设宴为他接风洗尘，并劝他努力戒毒，随后拿出一包白粉："涛哥，从今天起，您要戒了，我们也要向您学习，戒了！为了我们的明天，今天这一口之后，大家永远不要再碰那东西！"于是，烟雾再一次缭绕起来，人也再一次迷失。一个月后，再次吸毒的杨涛被送强制戒毒一年半。

在戒毒所，杨涛接受了民警的教育，并且坚定了决心，一定要戒除毒瘾。出所之后，决心戒毒的杨涛投奔在广东开厂的哥哥，协助哥哥打理工厂生意。

或许是因为杨涛身上有与生俱来的温州人的经商才能，在他的努力下，哥哥的市场业务不断扩大。此时，哥哥决定做个甩手掌柜，只负责源头的材料采购，厂里的其他事务都由杨涛负责。随着生意的日渐红火，杨涛成了远近闻名的有为青年。2007年元旦，杨涛与女友喜结连理。2008年，北京奥运会前夕，女儿呱呱坠地，杨涛成了父亲。面对着年轻漂亮的妻子，怀抱中可爱的女儿，杨涛暗下决心，一定要做出一番事业来，让老婆女儿过上幸福的生活。

然而，好日子到2012年戛然而止。春节将至，为了感谢一年来愉快合作的客户，也为了慰劳一年来为工厂辛勤付出的工友们，杨涛兄弟俩举办了盛大的公司年会，并在工厂附近的KTV包了一个大厅和工人们同乐。其间，一个客户拿出一个小瓶，倒出一小撮白色粉末，低下头去，用鼻子快速一吸，就吸了个一干二净。杨涛虽然不知道那白色粉末是什么，但他感觉不是好东西，心想或许就是白粉。警觉的他好心走上前去劝客户别吸毒，并说明自己以前就吸过白粉，后果很严重。客户很客气地告诉杨涛：这不是白粉，而是最新的提神药，并倒出一小撮白色粉末在手掌心，伸到杨涛面前。杨涛一看才知道，这纯白色的晶状粉末不是白粉，但还是好心劝告对方要小心，很多提神的药物一不小心就会上瘾的。客户却理直气壮地说："我已用了两个多月了，每周一次，根本没有副作用，更不用说什么上瘾了。"或许，酒精麻木了神经，半信半疑中，杨涛也吸了一小点。没想到，还真神奇！吸完不久，杨涛就觉得真的好像很精神了，思路也更清晰了。

第二天起来，杨涛的第一反应就是担心昨晚吸食的是毒品。但是经过一整天的忐忑不安，他感觉不到任何反应，也就没再理会。春节期间，留厂的杨涛又先后尝试过几次，感觉都很好。很快，年过完了，工厂开工，一切又恢复了正常。当为生意奔波的杨涛再一次在KTV吸食功效神奇的"提神药"时，被警方逮了个正着。随后被拉去验尿，结果为阳性。当民警把强制隔离戒毒的决定书递到他面前时，杨涛才知道那东西叫冰毒，是一种毒性比白粉还厉害的新型合成毒品。他，又复吸了！

综合戒治除毒瘾

2012年4月，杨涛被送到戒毒所接受强制隔离戒毒。在戒毒所，杨涛接受了系统、综合的戒毒矫治：系统的毒害认知教育课程，让杨涛全面了解了毒品的前世今生，对合成毒品的种类及其严重危害有了清晰认知；半军事化的管理帮助杨涛形成了良好的作息规律，增强了规则意识和时间观念；循序渐进的体能康复训练增进了杨涛的生理健康，消除了"溜冰"带来的生理伤害；拒毒能力训练帮助杨涛掌握了拒绝毒友诱毒等复吸高危情境的应对技能；兄长和家人的不离不弃也促使追悔莫及的杨涛再一次下定决心：从今以后，决不再沾染毒品！他铆足了劲，积极参加各项戒治项目，特别是踊跃报名参加了职业技能培训。2012 年 10 月，杨涛报名参加了所里举办的初级电工考证班的培训。经过这次培训，杨涛不但掌握了电工基础知识，考取了初级电工资格证，还碰到了教育矫治室负责职业技能培训的江老师。江老师在开班动员会上说："我的工作就是帮助大家戒毒，只要对大家戒毒有帮助的事情，我都愿意去做，我愿用我的真心换你们的前程。大家回去后，只要你真想戒毒，但碰到了困难，只要你觉得你碰到的困难我能够帮得上忙，这个忙又不违法，随时随地都可以给我打电话。"杨涛感觉到这个民警是真心为大家好，他默默记下了江老师写在黑板上的电话号码。

后续照管护回归

　　2013 年 8 月，出所回归社会的杨涛发现，由于没有自己的帮忙，哥哥的生意比以前差了很多，与高峰期相比，一年至少少挣了一百多万，于是他主动提出回厂里帮忙。一向心疼杨涛的哥哥满口答应，但是他的嫂子和妻子却不时冷嘲热讽。每当这时，杨涛就显得情绪非常低落，甚至想去追寻久违的快感。但脑海中立马就会浮现出一个瘦弱的身影，响起另一个坚定的声音。杨涛赶紧翻出江老师的电话号码，拨了过去。电话那边，江老师静静地听着，不时回一两句。当杨涛把事情的经过说完后，江老师表示了理解，安慰了杨涛，并提示他面对逆境一定不要忘了自己立下的戒毒誓言，以实际

行动争取妻子、嫂子的理解与支持。这次通话给了杨涛一次情感宣泄的机会，受伤的心灵得到抚慰，也让他真切地感受到戒毒所民警的真诚与关心。此后，每次心情烦闷时，杨涛就会打电话和江老师联系。随着关系的拉近，平时有空时，双方都会通过微信主动联系，这一晃就过了三四年。

创业奔富思回报

2014年，杨涛决心利用自己学过的电工基础知识进行创业。他在哥哥的资助下注册了自己的公司，从事低电压机柜的定制业务。由于该定制业务涉及微电路编程设计，有一定的技术门槛，竞争者并不是太多，生意保持了旺盛的发展势头。目前公司生产与办公的场地面积有600多平方米，员工近20人，年利润近百万元。

2017年5月，杨涛在自己的工厂热情接待了第一次来回访的江老师等戒毒所民警。

江：回想这几年，你最大的感受是什么？

杨：在吸毒的日子里，自己什么都不想，一心只想着毒品，人生也没有什么追求。幸运的是，我有个好哥哥、好嫂子、好妻子，也幸运地遇到了戒毒所的好民警，正是你们的支持，让我能够挺过来。现在好了，孩子慢慢长大，各方面都已走上正轨，我觉得人生又有了目标，每天想的就是怎样把生意做大，毕竟，又一个孩子要出生了。大的孩子现在上学了，各方面表现都不错，珠心算比赛还获得了省级一等奖。为了他们，我更应该努力，更不能再吸毒了。

江：你回来之后，还有人想要找你一起吸毒吗？你怎么处理？

杨：有的。回来半年后，当年的客户找上门来，说有大业务要做，相约在附近的酒楼商谈。来到酒楼，我发现房间里已摆开"溜冰"的架势。见到那种情景，我当即转身。回到工厂后，我就告诉员工们，以后这个客户的电话一律不接，相关的业务也一律不做。第二天，我直接把手机号码换了，删除了他的号码，至今都没有和以前一起吸毒的人联系过。

江：创业过程顺利吗？

杨：哪有一帆风顺的事情啊！刚开始创业时，选厂址、购设备、招工人、谈业务……都是自己一个人在干，那一个累啊，都不知道怎么说，不知道向谁说。即使是现在，老婆孩子还在老家，晚上回到宿舍里，总觉得心里空落落的。但是，想着有了家人的支持，想着自己的承诺，我是绝对不会再沾毒品了。

江：作为"过来人"，你认为所里组织的技能培训是否有用？

杨：其他人怎么想我不知道，但我觉得所里组织的技能培训对我还是很有帮助的。比如我，正是考了那个电工证，到哥哥厂里工作时才能负责这项业务。后来自己开的工厂，每年年审都要检查厂里有多少个电工。并且，我的工人们都知道，老板是懂行的，还是有证的，他们也不敢糊弄我，这个事说起来还是要感谢您。

江：你现在的生意越做越大，以后能不能接收一些决心戒毒又考取到电工证的解戒人员？你知道的，很多解戒人员就是因为找不到工作，精神空虚、经济困难而复吸的。

杨：江老师，我真的很感谢您。我记得您说过要把戒毒人员"扶上马，送一程"，我当然愿意！我知道，吸食过毒品的人，回到社会，是不受人待见的，找工作很难。只要是您把关、信得过的，我有条件的情况下尽量接收，毕竟我也要招电工嘛，最好是专门学过微电路设计的人，这种人才现在很缺。

【采写手记】

本案例给我们的启示主要有以下四点：

一是近年来广东省司法行政戒毒系统针对戒毒人员身心受损的情况，不断完善戒毒模式，开展综合戒治，提升戒毒矫治的科学性、规范性和针对性，收到了实效，戒治质量稳步提升，为戒毒人员的顺利回归奠定了基础。二是解戒出所只是保持戒断未复吸历程的起点，汇集各方力量开展全方位的后续照管，能够有效为解戒人员的回归旅程护航。三是针对性的专项职业技能培训能够帮助戒毒人员拥有一技之长，提升他们的就业创业能力。因此，开展量身定做、个性化、精品化的职业技能培训将是场所技能培训工作的努力方向。四是家人的接纳、支持能够为解戒人员保持戒毒操守提供巨大的精神支柱。

（采写人：江象郁）

几年的艰苦历练为谢卫积攒了越来越多亲友的信任，这是一笔珍贵的无形资产。此后，经过数月的市场考察，他感觉开一个广告公司应该不错，于是，他向亲友、同学借钱，凑了几万元，购回一套二手设备，于2007年创办了一家广告公司，并把"让爱从梦幻开始的地方破茧而出"作为公司的主题定位，毫不隐瞒自己的过去，公开表明自己坚定的重生决心。

让爱从梦幻开始的地方破茧而出

"凤凰涅槃，浴火重生。"这句话用在昔日的瘾君子谢卫（化名）身上毫不为过。谢卫，高中文化程度，1993年吸食海洛因染上毒瘾，一次次被强制戒毒甚至锒铛入狱。在多方帮助和个人努力下，走上了改过自新之路。2005年8月，他回归社会后保持戒断未复吸达13年。在2017年"6·26"国际禁毒日，谢卫接受戒毒所邀请向全所戒毒人员现身说法，传播正能量。

由希望走向失望到绝望

谢卫出生于粤西的一个小山村。1990年，他以优秀的成绩考上了当地的重点中学。然而，好景不长，因抵御不了毒品的诱惑，他最终陷入毒品的深渊。

从1993年至2005年，谢卫十余年大好的青春年华，都在燃烧的烟雾中度过。痛心疾首的父母无数次规劝，忧心忡忡的亲友们无数次挽救，都无济于事。他被一次次送去戒毒和服刑改造，但每次过后不久，就又回到醉生梦死的生活中，一次次为筹集毒资而锒铛入狱……那时提起他，人们都只是摇头叹息。家人朋友对他，已从原先的寄予期望，转变为彻底的失望和绝望。

戒毒给予爱的拯救

2005 年，这是值得谢卫永远铭记的一年，是一个见证他走上浴火重生之路的转折点。2005 年 2 月 5 日，命运之舟将他送到某省直戒毒所接受戒毒。在戒毒所内，经过管教民警苦口婆心的规劝和引导，谢卫终于有所改变。后来，谢卫因吸食毒品导致精神障碍，民警为其办理所外就医，并且不远千里将他护送回家。回到家的谢卫，在生理上虽已不再依赖毒品，但他仍然心瘾未除，并且时刻都能遇到异样的眼光和质疑。

那段时间里，谢卫只要一离开家，出去见朋友，就会引来亲人的怀疑甚至责骂。"那是我人生中最为难熬的一个时期。"谢卫说，"明明自己没沾毒品，可每当有左邻右舍的财物不见时，人们总会第一个怀疑是我干的。"这时，戒毒所的民警会热情地接听他的电话倾诉，不厌其烦地与他"精神连线"，并在思想上对其进行开导、鼓励和安慰，要他以乐观、豁达和宽容的态度坦然面对。

就是那段时间，他将"永记毒害，忘记毒品"作为自己的座右铭，在自家大厅的玻璃屏风上刻了一朵罂粟花，告诫自己勿忘毒害，并将友人赠送的书法作品"顽石成金"挂于床头……

从驾驶摩的到创办公司

2006 年春节刚过，为了换一个新的生活环境，谢卫毅然离开了自己的家乡，孤身一人到珠海打工。虽然当时月薪只有 1 000 多元，但他省吃俭用，每月仍能寄 600 元回家。那段时间，他的工作和生活就是工厂、宿舍"两点一线"。

2007 年春节前夕，为了更好地照顾家庭，谢卫辞工回家做起摩的生意，天天风里来雨里去……几年的艰苦历练为谢卫积攒了越来越多亲友的信任，这是一笔珍贵的无形资产。此后，经过数月的市场考察，他感觉开一个广告公司应该不错，于是，他向亲友、同学借钱，凑了几万元，购回一套二手设备，于 2007 年创办了一家广告公司，并把"让爱从梦幻开始的地方破茧而出"作为公司的主题定位，毫不隐瞒自己的过去，公开表明自己坚定的重生决心。

创办公司后，在短短的几年时间里，他的诚信经营得到了广大客户的认可，加上亲友的援助、当地政府和社会各界的关心支持，公司的业务蒸蒸日上……现在，他的公司越做越大，并在广州创办了一家房地产公司。

当选村干部 挑战新旅程

谢卫在勤于经营的同时，也热心社会公益活动和新农村建设。自 2013 年起，无论是在村里的爱心募捐活动、尊师重教的表彰仪式，还是 2017 年的第九届粤西文化节等公开场合上都能见到谢卫忙碌的身影。2016 年，深得村民信任的谢卫被推选为村土地管理委员会成员，他充分利用当地政府将所在村纳入城中村改造的政策，因地制宜地实施新农村规划建设，一改村里 23 年没有系统规划的旧貌，描绘了村居建设新蓝图。

2017 年 5 月，当地镇政府组织该村第七届村委会换届选举，谢卫全心全意为村民服务、踏实干事的劲头，打动了全体村民，得到全体村民的一致认可和高度信任，顺利当选为村委会副主任。"作为一名曾登记在册的吸毒人员，改过自新后被大家如此信任被推选担任村干部，这对于我来说是最大的鼓舞和鞭策。我将全力肩负起重任，接受新挑战！"谢卫满怀信心地表示。同时，他不忘重复那句话："时间会证明一切"。如今，谢卫肩负着广大村民寄予的殷切期望，正大踏步地走在建设新农村的征途上！

重生之路虽然迷惘曲折，但一路有爱为谢卫导航。当他在悬崖边苦苦挣扎的时候，是一双双温暖的手用爱驱散迷雾，让他始终能见到阳光。从浪子到村干部，离不开亲友的关爱和宽容，离不开民警的教导和帮助，离不开社会的支持和帮助，更离不开谢卫自己的坚强信念和坚定意志。

（采写人：肖金超）

回归之路是令人兴奋的，在临近解戒的那几个晚上，唐平思绪万千，辗转反侧，难以入眠。

回归之路起步艰　　多方护航奔新生

回归前夜　　思想多虑

　　唐平（化名），男，离异，3次戒毒，2016年12月解戒回归社会。解戒当天由街道办事处人员和地方社工接回。

　　回归之路是令人兴奋的，在临近解戒的那几个晚上，唐平思绪万千，辗转反侧，难以入眠。民警发觉后通过与其谈话发现，唐平虽然有几次戒毒经历，但出所时依然觉得迷茫，害怕以前复吸的经历，害怕毒友找上门后控制不住自己。

　　大队民警及时帮助他释疑解惑，同时还申请了心理干预。心理咨询师及时介入，发现他整个人精神状况比较差，面容忧虑，于是，开导他在出所前

有这种心理是正常现象，要正确面对，要记住在戒毒所学习到的各种应对高危情境的方法和策略。并告诉他戒毒所和尚善社工机构有合作，还有街道办事处的帮扶，有什么困难都可以求助于所在街道办事处的社工。随后，又安排他参加出所前的集中教育和个别会谈。

所地合作　解决临时救助

2016年12月初，唐平解戒后，回到广州市某社区。戒毒所民警通过尚善社工引导唐平到派出所进行尿检，并在街道办事处干部与社区禁毒专干的协助下让他签署社区康复协议。唐平反映，他出所后想要独自生活，暂时缺乏经济来源，询问其是否能够办理低保以及申请生活救助金。社区工作人员表示，关于低保申请，若符合申请条件并能提供相关证明材料便可进行办理。但针对解戒人员的生活救助金，街道办事处未有此项政策，社区工作人员需请示上级部门了解清楚后再做答复。

2016年12月底，唐平联系戒毒所民警，告知社区一直没有回复是否能够申请生活救助金，经济出现危机。唐平表示出所后自己身无分文，到现在也没有找到工作，难以维持正常生活。戒毒所民警询问唐平是否可以寻求朋友或亲戚的帮助，唐平表示因吸毒与亲戚朋友已无太多来往，也不愿意向他们求助，很多亲戚见到他也是远远地避开。唐平因家庭情况特殊，在经济来源方面确实存在困难。虽然积极寻找工作，但由于离开社会太久，文化水平较低，本身没有什么技能，再加上年纪较大，在寻找工作的过程中屡屡受挫，让其面对生活没有信心，感到忧虑。

戒毒所民警第一时间联系某街道办事处以及社区禁毒专干反映情况，和他们沟通商量解决对策。街道办事处工作人员表示会迅速将情况反映给办事处领导，希望社工继续与唐平沟通，稳定唐平的情绪。戒毒所民警一边了解唐平目前的生活状况，一边努力查询关于解戒人员政策方面的信息。经过两天的仔细核查和细心询问，在了解到广州在解戒人员回归社会后的政策方面暂时没有生活救助支持这一项后，及时联络尚善社工机构，建议负责联系唐平的社工将具体情况向唐平仔细解释，并注意观察唐平的情绪及动向，做好安抚工作，并随时将唐平的情况报告给戒毒所民警及社区的禁毒专干。

当天晚上，戒毒所民警通过街道办事处的工作人员了解到，该街道党工委书记接到报告后非常重视，随即召开紧急会议商讨处理办法。街道办事处认为解决解戒人员的生存问题是保证其能顺利接受社区康复的重要一环，不能让其回归正常生活的信心受到打击。经过多方协调商讨，街道办事处决定从低保专项救助金中拨出 1 600 元作为唐平的临时救助金。

第二天上午，街道办事处工作人员、社区禁毒专干和尚善社工一同到唐平家里进行慰问，并将临时救助金送到他手中。街道办事处工作人员拉着唐平的手说："政策中并无解戒人员的专项救助金，此笔资金是街道办事处针对你的特殊情况拨付的，是为解决你目前困难情况的特殊处理，希望你能够渡过眼前的难关。"街道办事处工作人员还对唐平在应聘过程中遇到的困惑和担心一一做了解答，并鼓励唐平勇敢面对，积极配合社区康复。唐平对戒毒所民警和街道办事处工作人员、社工的关心表示感谢，他热泪盈眶，双手捧着这笔救助金感动地说："我曾经是一名吸毒人员，认为自己已被社会所抛弃、所憎恨，但这 1 600 元证明了我的想法是完全错误的，它代表了社会对我的关爱，接下来的日子我会积极找工作，恢复正常生活，并努力配合完成社区康复。"

鼓励鞭策　持续帮扶

戒毒所民警经过后续回访得知，唐平在社工的帮助下积极寻找工作，经过多方努力，他终于在社区内找到了一个铺位，准备做些小生意。对即将开始的新生活，唐平一方面信心满满，另一方面又担心怕人看不起，生意不好做。

戒毒所民警知道后，及时给予其鼓励，希望唐平积极面对，并与其分析筹备快餐店过程中可能遇到的问题和解决的对策，唐平逐渐恢复了信心，积极开展筹备工作。

过了一段时间，戒毒所民警通过电话再次回访唐平，唐平说："我用一部分救助金和借来的钱，与朋友合资开了一家快餐店，现在每天都很忙碌，感觉生活很充实，人也渐渐有了信心，与亲戚朋友见面时也能够抬起头来充满自信地

与他们交往了。"唐平表示感谢社会各界的接纳、帮助和支持，他又有了生活的信心和动力，会努力经营好自己的小店，希望顺利度过社区康复期，真正回归社会。

【采写手记】

对戒毒人员进行后续照管，实行无缝对接，是戒毒工作的一个重要环节。经过调查，我们发现超过70%的戒毒人员希望得到政府的照管和社会的帮助，为其切实解决实际困难，提供一定的生活支持和工作扶持。

本案例在戒毒所、街道与社工的多方协作，以及其他社会组织的支持下，为解戒人员顺利回归社会提供了切实的帮助，提升和坚定了他们回归社会的信心和决心。同时，解戒人员也应该树立积极的人生观和价值观，坚定防复吸信念，正确认识毒品的危害，寻求支援之余也应通过自身的努力，真正回归社会，回归正常生活。

（采写人：余　金）

此后，吴伟的人生观、价值观都有了很大的改变，他开始主动和戒毒所民警们接触交流，和他们成了无话不谈的朋友。

昔日落魄瘾君子　　如今光荣纳税人

2016年6月26日，"国际禁毒日"前夕，一位中年男子步履匆匆地赶到戒毒所，在教育科黄老师的带领下走进一大队，那个熟悉又陌生的地方。他将手里捧着的一面锦旗郑重地交到一大队教导员手上，锦旗上"疼爱无微不至，关怀教导有方"的12个大字熠熠生辉。中年男子神情激动，握着大队教导员的手说："谢谢您，谢谢戒毒所，谢谢这里的一切！"

积极表现　高墙内的"特长生"

这位在"国际禁毒日"前夕向戒毒所赠送锦旗的人名叫吴伟（化名），出生在广州，是中国改革开放最早的受惠者，同时又是较早被毒品所蛊惑的人。1996年，吴伟开始吸毒，从此踏上了吸毒、戒毒、再吸、再戒的漫长历程。在过去的20年里，吴伟被戒毒达12次之多。而最后一次进戒毒所是在2014年3月25日，也正是在这一次，吴伟的命运出现了转折。

由于他屡次入戒毒所，大队民警对他也很熟悉，在每次入所之初开展生理戒毒时，看到他，许多民警都会开玩笑说："还是舍不得我们！"他微笑回应，并未作声，但看得出他笑中带有些许羞愧。戒毒所的规章制度他非常了解，所以他比其他戒毒人员好管理，他接受戒毒的态度比较端正，也比较积极，还时常主动帮助民警做新入所戒毒人员的思想工作，缓解他们的紧张情绪。有时候还现身说法，把毒品对身体的危害告诉他人，在戒毒所里他算是比较特别的。由于他口才较好，每次都主动参加所里举办的教育矫治活动，且都获得所级表扬，是这个特殊学校里的"特长生"。

枯萎尘封　　逐渐润化唤醒

2014 年的一个探访日，吴伟的哥哥告知其母亲病重住进了医院，吴伟听后，情绪异常激动，放声大哭。吴伟一直觉得对母亲有愧。他和母亲感情极深，多年的吸毒、戒毒，只有母亲没有抛弃他，所以，他一直为母亲的健康状况担忧，但是现在想要回去陪伴母亲却无能为力，对往事产生的内疚与自责，此时一起爆发了。吴伟回到院区后，多次试图用头撞墙，扬言不想活了，甚至还打算采取咬舌自尽的手段，自伤自残。

针对这种情况，大队民警及时找他开展个别谈话教育，并安排心理咨询师对他进行心理干预。一开始吴伟并不配合，他对着心理咨询师黄老师大吼大叫："如果母亲出事了我也不想活了，我吸毒戒毒这么多年，母亲一直没有放弃我，我愿意陪着我母亲一起死。"黄老师针对吴伟长期吸食毒品的实际情况，理解由于毒品对大脑神经的损害，他在遇到挫折和困难时，不能像常人一样控制心理敏感点和柔弱点，于是，她用专业素养和女性的善解人意解除了他内心的焦虑，并让吴伟从天地自然领悟生命，明白人生在世应该有责有为。

其后，戒毒所民警和其家属、医院保持密切联系，及时把吴伟母亲的健康情况转达给他，并且经所领导批准，让他到所部信息办，在民警的监督下与医院方进行视频通话，了解他母亲的身体健康状况。通过民警的亲情关怀，他的情绪逐渐稳定下来。经过一段时间的治疗，吴伟的母亲也逐渐康复。吴伟也下定了早日戒除毒瘾照料母亲、做个对家庭和社会有用的人的决心。人的心态一旦变了，行为就会紧跟着发生变化。自此之后，吴伟不仅和黄老师建立了良好的个人关系，而且积极投入教育矫治中，随后他被调到一大队，当上了质检组长。此后，吴伟的人生观、价值观都有了很大的改变，他开始主动和戒毒所民警们接触交流，和他们成了无话不谈的朋友。

众力帮扶　个体创业走正路

解戒之后，黄老师和大队民警们仍然时常和吴伟进行电话交流，每隔一段时间开展一次回访跟踪，鼓励他认真对待生活，积极融入社会，帮助他出主意、想点子，让他能够尽快找到一份工作。很快，吴伟就找到了一份快递员的工作，后来在家人的支持下，他和朋友合伙开办了一家排污公司。公司有15名员工，这15名员工中有他专门招聘的无业人员。在生意上，他从不挑活，脏活累活全都愉快地接下来，并保质保量完成。当地镇政府的排污工程，就是他带着员工出色地完成的。吴伟自豪地说："我现在每年都要交不少税，我开始为社会做贡献啦！"他表示非常享受这样的生活，觉得很充实，很有成就感，以前都是人家帮助他，社会扶持他，现在能够为社会尽点力了，他感觉很好。

在戒毒所，吴伟拉起两位民警的手说："太感谢你们了，你们是我人生路上的导师。这面锦旗，不仅代表我的心意，也是我母亲的心意。她让我向你们鞠躬。"说着，吴伟给民警们鞠了一个躬。离开时，他脚步匆匆，边走边说："最近生意比较忙，有空一定再联系你们！"

如今，吴伟的排污公司做得风生水起，初具规模。他把心思都放在自己的事业与照顾陪伴家人上，生活平淡且充实，最重要的是，他身心都得到了自由。

（采写人：余　金）

经过一段时间的努力付出，养猪场初见规模，20头猪崽在他和大叔的细心呵护下逐渐长膘。看到第一胎小猪崽出生的时候，陈坚开心得就如同他自己当了父亲一样。身边的亲戚朋友见他拼命干活，早出晚归，再没有和之前的毒友联系，也慢慢开始重新接纳他了，陈坚的世界逐渐回到原来的样子。父母的脸上终于有了些许笑容，眼神中时常不经意间流露出一丝欣慰。陈坚知道，他们等这一刻好久了。

从"粉仔"到养殖专业户

前几天，陈坚（化名）曾经的毒友又走了一个。他去吊唁时，偌大的灵堂，冷冷清清的没有几个人，毒友的世界越来越小了。亲眼看着寿棺被推进去的那一刻，他才意识到活着是多么美好。

毒品的诱惑　让他身陷魔窟

"展开，新生的翅膀！我们在这里飞翔！……"每每夜深人静的时候，陈坚就会反复地听这首歌，是它一直鼓励着他，给陈坚甩开心魔的动力。

那时陈坚不想上学，无所事事，整天跟着一帮狐朋狗友到处晃悠。第一次尝试海洛因的时候，朋友告诉陈坚很刺激，只要一点点就可以进入一个新鲜又美妙的世界，而且不会上瘾。经不住诱惑的陈坚被培养成了一名"瘾君子"。从此，陈坚整天想的都是如何找钱去买白粉，家里稍微值钱的财物很快就被挥霍一空了。

那时，即使是在炎热的夏天，陈坚都穿着长衣裤，为的就是遮盖身上的针眼。纸始终包不住火，第一次被家人发现的时候，陈坚已经沾染毒品几个月了。

陈坚有过让人羡慕的小康之家，有过体面的职业，也曾有房有车。但是，不堪回首的尝试，让陈坚吸了戒、戒了吸、吸了再戒、戒了再吸，如此反复。家里值钱的东西被他偷的偷，卖的卖，最终家徒四壁，一贫如洗。后来，他开始向身边的亲友借，然后偷、拐、抢、骗，就为了吸一口白粉。那些年，陈坚不仅把妻子吓跑了，也把自己的身体毁了，30出头的陈坚两鬓斑白，双眼无神，远远望去犹如一个小老头。

因为陈坚，父母伤透了心，含泪默默地支撑着这个破碎不堪的家。父亲在周边打零工、给别人守大门，母亲则在临近傍晚时去菜市场捡别人扔下的菜叶。儿子带来的耻辱让他们抬不起头来，那种压力让人无论走到哪里都犹如芒刺在背。沾上毒品要终生戒毒，曾经拥有的一切都化为虚幻。为了不让陈坚外出接触"道上的朋友"，不让他有机会继续吸毒，父母唯有把他锁在家里。可毒瘾发作起来是那样的让人崩溃，体内犹如有千万只蚂蚁在啃食，全身每一个地方都在承受剧痛。从头顶到脚尖，从皮肤到骨头，每一个细胞都痛，痛得陈坚想一死了之。当陈坚清醒的时候，他唯一想的就是怎样才能解脱。陈坚不停地干呕，很多次小便失禁直接尿在床上，他撕心裂肺地大喊大叫。

小小的锁头还是没能困住陈坚。他砸开房门跑了出去。陈坚迫不及待地用针筒把白粉推进他的大腿血管。几天不吸，陈坚感觉呼吸都要停止了。朦胧间好像有人在拖着他上车，把他关进铁栏杆里。等他醒来时才发现那不是梦，是的，陈坚又一次被抓了。闻讯而来的老父亲情急之下在民警面前下跪，求他们放陈坚一马。那一刻，陈坚觉得时间都停止了。年迈的老父亲那瘦小的脸庞在白发的衬托下显得那么苍老。母亲在一旁哭得撕心裂肺，耳边不时传出"我就这么一个儿子，我们以后怎么办啊……"

戒毒所　重新做人的地方

"我是人生旅途的迷失者，毒品的诱惑让我身陷魔窟，饱受苦难。我无颜面对社会与亲人，无法忍受煎熬和痛楚。我真诚忏悔，渴望重生……"

他进过监狱，也在看守所待过。戒毒所这个陌生的地方，陈坚也不觉得有什么不一样。一开始陈坚是抗拒的，抗拒教育、抗拒劳动、抗拒戒治，甚至抗拒吃饭。陈坚只觉得自己不属于这里，想快点离开这里。

为了区分戒毒人员的类型，医务所的医生对陈坚做了分类检测，并详细了解了陈坚的吸毒史、成瘾程度、毒害认知、意志力等情况，通过摸排筛查，建立了健康档案。

在康复训练期间，陈坚很抗拒，根本不把所纪队规放在心上，更不把管教民警放在眼里。然而，没多久就碰壁了，他不断与人争吵、打架，随之而来的是各种违纪、检讨、扣分、处罚。民警们对他进行了个别谈话教育，同时开通亲情电话，进行亲情探访。探访时，看着父母白发苍苍泪流满面的样子，陈坚强忍着泪水，那种痛不欲生、恨之入骨、悔不当初的复杂情感让陈坚几乎崩溃。

陈坚看着蓝天上自由飞翔着的小鸟，再看看身穿蓝色队服的自己，他想家了。他自认为坚固不摧的内心防御系统慢慢崩塌了。记得一位民警对他说过："你们就像我的孩子一样，既然来到这个集体，大家就是一家人。希望自己的孩子快快乐乐地过好每一天，同时也希望你们认认真真地戒毒，走好自己的人生路。"

慢慢地，陈坚开始接受身边的人，开始面对现实，开始认真聆听民警们的谆谆教诲，开始认真读写《戒毒信条》《戒毒人员管理条例》《戒毒人员行为规范十三字谣》等条文，常常在心里默默地哼唱着《我们在这里起航》。学习激发了陈坚的戒毒意愿，他掌握了拒毒技巧，增强了认知力、意志力、自控力和拒毒定力。队里日常进行习艺劳动，闲时组织背诵戒毒信条，唱集体歌曲，练习静心操、太极操等，把正面积极的信念植入陈坚的潜意识里，鼓励陈坚由"要我戒"向"我要戒"转变，从而提高了他的戒治积极性。

出所前，针对戒毒人员回归社会面临复吸的高危情境的应对方法，所内教育科组织陈坚进行了出所教育。模拟面对毒品的诱惑以及负面情绪下复吸冲动等高危情境，进行角色扮演和拒毒技巧的强化训练。经过训练和学习，陈坚基本掌握了未来面对此类情境时应该采取的措施和方式方法，为他成功保持戒断操守奠定了基础。

回归社会　陈坚的灵魂仍然在路上

走出戒毒所大门的那一刻，陈坚甚至有点不舍。脑海里原本只有黑白灰的世界顿时有了色彩，可是，他身上的衣服和周围人的相比是那么不合时宜，那么格格不入。一年多的时间，很多东西都变了，唯一不变的就是家，本就破旧不堪的家更是显得那样荒凉。陈坚呆呆地站在门口，看着这支离破碎的家。

找工作是陈坚回归社会面对的最大障碍。现在年纪大了，工作更加不好找。挣钱多的工作要求高，陈坚做不来；挣钱少的工作太累，陈坚又不想干。

很多用人单位得知陈坚曾经坐过牢、吸过毒，态度立刻会出现一百八十度的大转弯，气氛瞬间冰冻。陈坚慌了，退缩了，知道自己又一次被社会嫌弃了，他没有勇气再去碰壁，甚至不敢看对方的眼睛，只能低下头看着自己的脚尖。陈坚在父母面前大声哭喊着："不是我不想重新做人，是他们不想接受我。我能怎么办？怎么办？我解决不了，我只想逃避。"有几次他都拿起了电话，找到那个电话号码，想要点白粉，让他放松一下。他想只有在另外一个世界里才不会被人嫌弃，好在他最终都挺住了。

这种场景，其他的解戒人员也一样会遇到，不同性格、不同文化素养的人面对和解决问题的方式都不一样。这个特殊的人群其实更需要亲情，需要社会的包容和理解。正是因为人生路上走错了方向，才需要新的领路人将他们带回正确的道路上。

灰暗的日子　政府有效的指引和支持

就在陈坚几乎要放弃、要崩溃的时候，市关工委领导、戒毒所民警、社区民警在村委书记的陪同下来看他了。面对他们的不期而至，陈坚百感交集，痛哭流泪。陈坚告诉他们："好难啊，去到哪儿都觉得被人用异样的眼光盯着，浑身不自在。在村子里被人指指点点，有时甚至连门都不想出。"面对此情此景，一旁的父母也显得不知所措。

十多年了，"粉仔""监犯"等标签一直压得他直不起身来，陈坚知道他的过去让父母背负着耻辱。无形的压力像一堵墙，压得他无法呼吸。虽然出所教育时陈坚学过如何去应对和调节好自己的情绪和思维。但真正面对这样的场景时，他却那样无助。

戒毒所民警们告诉陈坚，每个"毕业的同学"都像是他们带大的孩子，想知道他们回家以后怎么样了？会不会遇到困难？有没有牢记"学校里的功课"？"学生"毕业了，不仅要扶上马，

还要送一程，协助他们找到一份稳定的工作是戒毒所民警、派出所民警的职责所在。

市关工委领导和戒毒所民警们在得知陈坚的邻居是养猪专业户后，决定扶持陈坚发展养猪业。在村委的协调下，邻居大叔答应手把手教他。大叔拉着陈坚的手说："我是看着你从小长大的，人生路走错几步没有什么大不了，只要你下定决心痛改前非。你一样还会有幸福的人生。"此时的陈坚，百感交集，什么话都说不出来，只好紧紧地握着他们的手，一个个地道谢。不把毒戒掉，不把猪养大，他说什么都没用。

起步，总是艰难的。真正窝心的是风言风语。无论走到哪，陈坚的过去始终还是村民议论的中心话题。大家说："这孩子不知道能戒几天，赠送的猪崽不知道会不会拿去卖钱买粉……"这些话语就像一把把刀子刺在陈坚的心上，陈坚站在鱼塘边，眼泪不争气地在眼眶里打转。大叔也看出了他的异样，厚重的手拍了拍他的肩膀说："别人怎么看你，不重要。重要的是你自己怎么看你自己，你告诉自己能行，就一定行。孩子，像个男人一样，站起来。加油！"

经过一段时间的努力付出，养猪场初见规模，20头猪崽在他和大叔的细心呵护下逐渐长膘。看到第一胎小猪崽出生的时候，陈坚开心得就如同他自己当了父亲一样。身边的亲戚朋友见他拼命干活，早出晚归，再没有和之前的毒友联系，也慢慢开始重新接纳他了，陈坚的世界逐渐回到原来的样子。父母的脸上终于有了些许笑容，眼神中时常不经意间流露出一丝欣慰。陈坚知道，他们等这一刻好久了。

【采写手记】

陈坚是首次强制隔离戒毒，至今戒断毒品已有8年，目前生活、经济、家庭状况稳定。除了日常打理自己的猪场，闲暇时他也会回到戒毒所担任义务教员，现身说法，为"校友"们指出成功的道路。有时也会到戒毒康复就业基地，鼓励"校友"们不要轻易放弃自己重生的机会，只有尊重自己，才能获得他人的尊重。经过几年的积累，他不仅还清了当年欠下的"毒债"，还改善了家里的居住环境和生活条件，所经营的养猪场也为"校友"们创造了就业岗位。

（采写人：饶启琛）

反哺篇

小家大爱　润物无声

李晓东教授简介：

主任医师，国家二级心理咨询师，华佑医疗集团首席医疗官；国家禁毒委中国合成毒品滥用防治专家委员会委员，国家禁毒委中国毒品药物滥用防治专家委员会委员，中国毒理学会药物依赖性毒理学专业委员会委员，中国药物滥用防治协会常务理事，中国药物滥用防治协会合成毒品研究委员会副主任委员；澳门心理研究学会名誉会长、专家委员会委员，广东省戒毒工作学会常务理事，《中国药物依赖性杂志》编委，《中国药物滥用防治杂志》编委。

戒毒是个人、家庭、社会相互作用的过程。

我们非常重视家庭的支持与治疗，也加强了个人、家庭、社区的联合戒毒。"反哺篇"中的8个案例，我们都联络了来访者的家属。亲情的感召对来访者的戒毒效果发挥了极大的作用。

药物成瘾者常有冲动行为，对失败的耐受性差，他们自卑、敏感、孤独，缺乏责任感，对世界怀有敌意，面对困难经常采取逃避的防御机制。这些都是毒品对他们产生的影响，并不是他们的本性。我们要接纳来访者的行为。

心理干预前期，提升来访者戒毒动机，例如某案例中的姚某。中期一般采用人本、认知行为等疗法，增强来访者对毒品的抵抗力。后期用正念、瑜伽、冥想等，缓解来访者的身体不适。

一切都是为了来访者，来访者如果能把毒戒了，我们也会感到很欣慰。

踏出戒毒所大门的那一刻，阿强觉得一切都那样熟悉，清新的空气，绽放的木棉花。这一刻，没有人能够体会阿强对未来生活的憧憬和对亲情的渴望。两年的戒毒经历让他的内心变得无比强大，他感受到了从未有过的自信。

骑着"老虎"前进

阿强（化名）做志愿者已经10年了，他帮助了许多深陷泥沼的吸毒者。看着他自信的笑容，挺拔的身姿，谁能相信，他曾是一个有故事的"瘾君子"。

十载青春人鬼怵　回忆满是辛酸苦

追忆往昔，阿强谈起一段刻骨铭心的记忆。初中毕业后，他辍学在家，无所事事，在父母的建议下，来到表叔开办的工厂里干活，工作辛苦但也过得充实。

一天，表叔的儿子拿来一样东西，让他尝一尝，说是可以解决一切烦恼。在好奇心的驱使和朋友的怂恿下，阿强第一次尝到了毒品的滋味。那年他21岁，成了20世纪90年代第一批赶上毒品"潮流"的年轻人。

白粉的滋味让青春似火的阿强每天都沉浸在飘飘欲仙的生活中。伴随着精神上的快感，毒魔邪恶的本性也慢慢显现。毒瘾发作时，身体犹如被上万只虫蚁啃咬的痛苦让他痛不欲生。渐渐地，他不再满足于白粉加香烟的吸食方式，开始用注射来获得满足感，随着毒品需求量的增大，毒资也越来越大。

随后，工作没了，生活垮了，朋友走了。为了毒资，他每天游走在阴影里。1995年，阿强因筹集毒资犯下抢劫罪被判处有期徒刑4年。

出狱后，阿强不思悔改，2004年再次因吸毒入所。这一次，他意识到了毒品带给自己的伤害，决心戒毒。在戒毒所的帮助下，他积极反思，认真悔过，凭借优异的表现提前解戒出所。

出所后不久，有两个曾经与他一起戒毒的朋友对他说："我们在里面辛辛苦苦，现在出来了要犒劳一下自己才行。"阿强犹豫着没有说话，朋友看出了他的疑虑，对他说："最后搞一次，以后重新开始，好好做人。"阿强心动了。

殊不知诱惑是没有尽头的，哪怕是对自己一次心软的放纵，都会再次使自己陷入无底的深渊。这一次阿强又重新落入了毒品的魔爪，他陷得更深了。

朋友告诉他，冰毒可以代替海洛因，不会上瘾，然而事实并非如他所想。2007 年，阿强因吸食冰毒，被公安机关抓获，再次进入戒毒所。此时的阿强觉得自己再也不会有未来了，犹如坐上了一列永不落地的过山车，又像骑着一只猛虎，一不小心，就会被撕咬得血肉模糊，或者摔得粉身碎骨。

百转千回毒难戒　民警助力强信念

再次来到熟悉的戒毒所，阿强万念俱灰，他没想到曾经在这里发誓要戒除毒瘾，重新做人，而现实却打了自己一记响亮的耳光。此后，他不再相信戒毒能成功，对现实表现出极度的不满和消极。

一次，戒毒所举办戒毒人员家属帮教活动，阿强的家属随虎门义工一起来到了所里，这让阿强非常忐忑，因为他没有颜面面对自己的亲人。

虽然在帮教家属名单中只有他的姐姐，但是当天阿强年迈的母亲也随队来到了所里。因为老人家没有提前报批，并且没有携带身份证等有效证件，按照

— 117 —

规定是不可以进入院区的。考虑到老人家的特殊情况，戒毒所开通了绿色通道允许老人家进入院区参加帮教活动，并安排各单位做好后勤保障工作。因天气炎热，领导特别交代要切实保障老人家的身体健康。那一天母亲哭了，阿强也哭了，他跪在母亲面前，泣不成声。

亲情帮教活动结束后，阿强一改往常的态度，变得积极，他主动找民警聊天，希望能够得到认可，愿意为戒除毒瘾做出努力。民警对于他的改变甚感欣慰，鼓励他保持良好的心态，继续努力。民警以阿强的故事为原型，编排了一部戒毒情景剧，由他自己主演，在所里获得了广泛好评。渐渐地，阿强的生活步入了正轨，心情平复的他喜欢在夜深时回忆过往，回忆自己这些年的经历，回忆自己给家人带来的伤害，回忆家人不离不弃的坚定眼神。

时光匆匆如流水，人生一梦似云烟。15 年的时光让他从一名青年变成了中年人，15 年的时光让父母的青丝变成了白发，每次想到没有放弃自己的父母，悔恨自责便涌上心头。民警认真对其进行心理疏导，鼓励其勇敢地去面对自己、面对过去、面对未来。

"当你能够正视自己的过往，你才能够真正重新开始。"两年的戒治时光很快就过去了，解戒前戒毒所民警对他说："当你离开这里的那一刻，你要挺起胸膛，确定无论怎样的流言蜚语都不能将你打倒，你的行动会让所有人知道你已经重新站起来了。"

踏出戒毒所大门的那一刻，阿强觉得一切都那样熟悉，清新的空气，绽放的木棉花。这一刻，没有人能够体会阿强对未来生活的憧憬和对亲情的渴望。两年的戒毒经历让他的内心变得无比强大，他感受到了从未有过的自信。

回归社会勇创业　家人政府齐帮扶

回归社会后，阿强找工作四处碰壁，他陷入了迷茫期。一样的岁数，一样的学历，许多人已经有了自己的事业，可是自己却囊空如洗，一事无成。

那段日子，是母亲给了他最大的鼓励，他说："像我们这样的人，平时回家晚了，家人肯定要唠叨的，怀疑我们又跟狐朋狗友混在一起吸毒。即便真的没有吸，家人也不相信。可是我母亲没有这样，即使我回来得晚，她也只是说不要太累了，明天早点回来，我在家等你。我在家等你，这句话深深地刺激着我的内心。这也是让我无论遇到多么艰难的路都一直走下去的原因，我不想她再因我而受到伤害。"

后来，在政府的戒毒帮扶政策下，在当地禁毒办、社工机构的帮助下，阿强利用自己在戒毒所内学到的职业技能，在姐姐新开的工厂里开始了新的生活。

刚开始，工作挺辛苦，还时常伴有心悸等戒毒症状。当阿强感觉不舒服时，他会让自己冷静下来，双脚泡在热水里，双手按压太阳穴；或是打打羽毛球，出出汗。这样的痛苦症状一个月出现 8～10 次，这样一坚持就是两年。身体的不适感渐渐地消失了，运动的习惯也养成了。在工厂的 5 年时间里，阿强还找到了人生伴侣，并于 2013 年 1 月底成了家。在夫妻双方的共同努力下，他们大胆创业，开办了一家汽车用品店，并取名为"强虎"。

以身说法宣毒害　踏平坎坷做新人

美好的生活源于决心戒毒，但他也没有忘记回馈社会，回馈那些帮助过他的人。自 2007 年以来，阿强戒断 11 年未复吸。11 年间他经历了常人无法想象的磨难，终于过上了幸福的生活；11 年间他参加志愿者服务工作无数次，做了许多好事；他多次回到戒毒所参加禁毒宣传活动，让他感触最深的就是见到那些吸毒"老友"。看着他们日复一日地吸毒、戒毒，心里非常不是滋味，他都不敢去想如果自己当初没有下定决心戒毒，没有戒毒所民警的教育矫治，今天的自己会是什么样子的。

阿强无疑是幸运的，为此他也付出了常人无法想象的艰辛。他说："心态很重要，当你决心戒毒的时候，你就已经成功了50%。家庭、朋友、社会的帮助是你剩下的 50% 的希望，缺一不可。没有决心，其余的 50% 是起不到作用的，有了定力，没有社会和家庭的后续帮助，也是不会成功的，二者相辅相成。"

阿强非常感谢政府让他懂得了怎样科学戒毒，重新获得了信心；他也非常感恩政府和社工组织，让自己重新获得了尊严，并且给了自己帮助他人的机会，这让他感到非常快乐。

精诚所至，金石为开。在阿强与妻子的共同努力下，强虎汽车用品店的生意越来越红火。共同的生活目标，共同

的生活信仰，让他们感到无比欣慰与满足。虽然生存的压力依然存在，但他没有丧失对生活的希望。阿强开玩笑地说，自己与别人一样都在向前冲，不过或许别人是坐在宝马上，而自己是坐在一只花斑老虎上。

最近，阿强准备和妻子一起外出旅行，去看看美丽广阔的世界。经历了人生的酸甜苦辣，现在的阿强更加明白了生活的真谛——这一切都是从戒毒那一刻开始的。

【采写手记】

曾经的吸毒人员阿强戒毒成功后坚持回馈社会，也给我们带来了很多启示：一是戒毒所要创造科学、系统的矫治氛围，为戒毒人员提供良好的学习平台。在教育矫治中学会为人处世的方法，在教育矫治中树立自信自强的信念，倡导感恩，让戒毒人员更加直观地体会到人生的价值。二是因材施教，根据戒毒人员的成长环境、家庭特点、个人经历，制订全面的戒毒计划，通过个别谈话、心理访谈，在其不同时期制定相应的戒毒措施；通过心理疏导，正向引导其矫治心态，树立矫治信仰和戒毒信心。三是所内戒毒只是戒毒工作链条上的重要一环，家庭的支持、后续照管等都是戒毒工作的重中之重。家庭是戒毒人员戒除毒瘾的原动力，亲人永远是柔软心灵最温暖的港湾。政府、社区应当加强跟踪回访，切实帮助吸毒人员回归社会、立足社会。

社会支持率偏低，让戒毒人员像过街老鼠，人人喊打。同感、真诚、共情、无条件积极关注的缺失，让戒毒人员灰心丧气，不停复吸，以便在毒品里找到无忧无虑的幻觉。阿强母亲在其中弥补了同感缺失，所以阿强才加强了戒毒的动机，像树木有了阳光，开始长成他应有的样子。

禁毒事业是一项社会工程，是全社会共同的责任。阿强的经历让我们明白，在自身坚定意志的驱使和社会全面的帮助下，戒除毒瘾重获新生不再是梦。

（采写人：王苏新）

有希望、有奋斗的人生才完美。民警发现老姚身上并没有大多数吸毒人员普遍存在的好吃懒做的毛病，他是一个特别在乎自我尊严的人。攻关小组的民警结合其个性特征，对其采取特别的教育方式，如经常出一些题目"刁难"他，与他"斗智斗勇"，让他在戒治生活中有一种"过五关、斩六将"的收获感，还将他升级为班组长，让他倍感荣耀。

父子俩的凤凰涅槃

一个家庭父子俩都吸毒的并不多，父子俩在同一戒毒所戒毒成功的就更罕见了。我们故事的主人公就是这样的一对父子。

老姚是 60 后，吸食海洛因成瘾，被公安机关发现后送往戒毒所。戒毒期满出所后，老毛病翻出了新花样，又吸上了新型毒品——冰毒。

老姚的儿子小姚是 80 后，看到全家人劝阻老爸吸毒无效，决定以身试毒，用自己的行动向父亲证明毒瘾可以戒，为此铤而走险。

姚家父子俩在同一个戒毒所戒毒，一时间成了戒毒所的一条新闻。在儿子没有到戒毒所之前，老姚是戒毒所里一个倚老卖老、不服管的"顽固分子"。为了做好姚家父子的戒治工作，戒毒所专门成立了攻关小组，前后开了五次会，针对父子二人制订了特别方案。

民警发现老姚这个人很爱面子，争强好胜，做事一根筋，拗到底。如果只对着他讲毒品的危害和人生大道理，作用微乎其微，甚至还会有反作用。为此，攻关小组决定改"满堂灌""硬规定"为让他自己提要求、定任务，同时相应布置一些工作让他完成。为此，戒毒所安排老姚负责饭堂卫生，让他自己动手打扫，自己定出饭堂干净整洁的标准。争强好胜的老姚提出了很高的要求。于是，民警每天依照他自己定的标准进行检查，做得好就及时表扬奖励。

— 121 —

老姚每天都把饭堂打扫得干干净净。民警攻关小组乘胜追击，按照日常作息制度对其进行考核，促使其恢复有规律的生活节奏，让他回到久违的正常生活。

民警还时不时找老姚聊天，倾听他的心声，解开其心结，听取他的建议，让他感悟和体会到没有毒品的生活是多么单纯和快乐，从而减轻了他对戒毒的畏难情绪，重新树立起戒毒信心。

对于戒毒意愿强烈的小姚，民警则注重提高其对毒品、毒害的认识，让他明白毒品难戒在于心瘾难戒。他们积极对其开展心理辅导和其他辅导活动，模拟出所后毒品再次出现在眼前的各种情景（比如有人走到面前拿出毒品要卖给小姚等），帮他练习拒绝毒品的诱惑的方法。

有希望、有奋斗的人生才完美。民警发现老姚身上并没有大多数吸毒人员普遍存在的好吃懒做的毛病，他是一个特别在乎自我尊严的人。攻关小组的民警结合其个性特征，对其采取特别的教育方式，如经常出一些题目"刁难"他，与他"斗智斗勇"，让他在戒治生活中有一种"过五关、斩六将"的收获感，还将他升级为班组长，让他倍感荣耀。

老姚在部队时，曾经做过训练新兵的班长。为此，管教民警让其负责宿舍内务卫生，制定诸如叠被子的内务卫生规定、新入所学员队列训练动作要领等，给了他一个头衔——戒毒人员科目训练组总教练。

老姚很高兴地进行规划，并提出了许多建议，他的合理建议基本上得到采纳，民警还帮助他进行了一些修改，并提供人力物力的支持。

民警的指导和肯定，更加激发了老姚的工作热情。半年之后，老姚已从所内有名的"刺头"、让人头疼的顶撞分子、倚老卖老、小病大养的"顽固分子"转变为一个积极向上、充满希望的戒治标兵。适当的才干展示和荣誉表彰极大地激发了老姚的戒治热情。

对于头脑活络、动手能力强、戒毒意愿强烈的小姚，攻关小组民警重点加强对其的就业技能培训。了解到小姚爱好机修和烹饪，刚好戒毒所设有机修和烹饪技能培训班，民警便让小姚报名参加。

小姚学习积极性很高。他计划解戒后去大哥的工厂打工，觉得学会机修、烹饪等实用技能很重要。另外，小姚做菜的热情来自兴趣爱好，他觉得能够做出一桌美食，在亲朋好友面前露一手是件了不起的事。为此，他不仅学得快，而且学得很好。

为了让姚家人风雨同舟，民警主动联系了其家人，让老姚的大儿子、三儿子也来所探访和帮教。老姚一家人在戒毒所内团聚，召开家庭会议，大儿子鼓励父亲和弟弟积极戒毒，增长才干，解戒后到自己的厂子里工作，并依照民警的建议，给他的父亲和弟弟做好了解戒后的就业规划和工作分工，要他们朝着这个方向努力。一家人说好轮流来所探访，特别是临近传统佳节时必定要来戒毒所进行亲情帮教，缓解父子俩思亲念家的情绪。

当老姚、小姚解戒时，民警要求姚家人到戒毒所来接他们回家。老姚解戒时，戒毒所还为其举办了一个"告别过去，重获新生"的小仪式。一方面是不让老姚出所第一时间接触到外面的"粉友"；另一方面是让他感受到家人的不放

弃，让老姚相信亲情的可贵，有信心和动力戒毒。

老姚父子俩走出戒毒所至今已有5年多时间，一直戒断未复吸。

姚家父子解戒回家后按照在戒毒所商定的工作分工，老姚做了大儿子工厂的保安队长，负责全厂的保安、厂房卫生保洁和工人宿舍内务卫生管理等工作；小姚负责工厂饭堂的伙食和采购工作。这都是当年民警给予他们的就业建议，民警大概也想不到，他们不仅全都照搬照用了，而且做得风生水起，生产效益蒸蒸日上。

在跟踪回访出所人员时，让民警始料未及的是，老姚居然成为工厂名义上的厂长和新闻发言人。厂里除了产品样式质量等核心技术问题不用他操心之外，其他什么事都可以找他。用老姚的话来说："只要能让我干活，有面子，不给钱都无所谓，何况这是自己家的厂子，我有什么理由不去干好呢！"

老姚还说，他要发挥潮汕人优良的传统美德，他看到现在社会上很多人因为无知无畏而染上毒瘾很是痛心。他要以自己"戒毒回归的过来人"身份，积极参与当地禁毒戒毒公益活动。一是要给一些因父母吸毒、家境贫困而无法上学的受毒害家庭捐款，让他们的小孩能够读得起书；二是在工厂招工时，他会对有吸毒人员的家庭进行关怀照顾，比如为了让他们方便接送小孩而采取弹性上班时间的方式；三是当戒毒公益义工，积极主动到社会上的禁毒、

戒毒活动中现身说法，既提醒别人，又提高自己。他还呼吁全社会积极行动起来，真心接纳戒毒人员，特别是家庭，不能抛弃吸毒的家人，让他们树立毒可戒、有家可归的信心和信念。

　　小姚解戒后一直在厂里尽心尽责做好饭堂管理和伙食、物资采购工作。每天清晨，人们都可以在工厂附近的肉菜市场里看到他忙碌的身影。在民警跟踪回访时，他告诉民警他成家了，有一个贤惠的妻子，儿子也有4个多月大了，

一家人其乐融融。他说，现在的生活既充实又开心，感到自己每天都有使不完的劲儿。他表示要和父亲一起当好戒毒公益义工，积极走出去，为禁毒工作尽自己的一分力。

　　【采写手记】

　　习总书记指出：毒品是人类的公敌，要打好禁毒这场人民的战争。从老姚父子成功融入社会的案例，我们可以总结出帮助戒毒人员成功戒毒要从"六必"入手：症状必查、情况必明、家庭必访、困难必帮、重点人员必管、出所必接。注重采集戒毒人员的信息资料，落实一人一策精准戒治，定期开展动态信息收集与核实，进行分类跟踪帮扶，落实回归接茬，完善就业安置和帮教服务。这种全方位、全过程、精准、专业、科学的戒治帮教体系，将有助于提高戒毒人员的戒断率，促使其成功融入社会。

（采写人：陈毅雄）

可可怎么也想不到，自己竟然嫁给了一个顽固的瘾君子。动人的爱情，美满的家庭，并没有阻止老白吸食毒品。老白瞒着可可吸毒一段时间后，由于形迹可疑，神色异常，终于被她跟踪发现了……

阳光总在风雨后

荒唐吸毒二十年　半生心酸对谁言

2000年7月，老白的第一任妻子因无法忍受吸毒丈夫的一错再错和旁人的冷言冷语，留下年仅6岁的儿子离家出走，再也没有回来。

2003年8月，也许是因为受到了命运之神的眷顾，也许是因为自身条件不错，老白结识了一位爱笑的女子——可可（化名）。她对英俊高大的老白一见倾心，两人坠入爱河，不久便领证结婚。婚后，可可为老白生下了两个活泼可爱的女儿。

但可可怎么也想不到，自己竟然嫁给了一个顽固的瘾君子。动人的爱情，美满的家庭，并没有阻止老白吸食毒品。老白瞒着可可吸毒一段时间后，由于形迹可疑，神色异常，终于被她跟踪发现了。英俊潇洒的郎君竟然已经负债累累，为了吸毒坑蒙拐骗，可可痛彻心扉，表示如果再这样下去，就要与老白恩断义绝。

看着爱妻流泪的双眼，老白表示自己要戒毒。但是毒瘾并不是轻易可以对付的，老白多次停止吸毒，出了家门后又忍不住弄来毒品，反反复复，历经挫折，夫妻俩均心灰意冷，对前途不抱任何幻想。

2012年夏天，老白因吸毒被公安送戒毒所强制隔离戒毒两年，岳父岳母强烈要求女儿跟他离婚。可可也有离婚的念头，但看到家里老的老、小的小，一直狠不下心。

2013年秋天，老白老家的房子由于年久失修被台风刮倒了，70多岁的老母亲、可可和三个小孩，只能暂时借住在亲戚的一处老房子里。

年底，母亲去世了，老白没能见到老人家最后一面。多重打击让老白垮了，变得沉默寡言，心情跌落到了谷底，甚至连想死的心都有了……

大队民警知道情况后，立即成立了包干小组，一面积极对老白开展个别谈话教育和心理疏导工作，以便突破其内心防线；一面积极与其家属取得联系，希望他们能够在最困难的时候不要放弃，帮助亲人戒除毒瘾。

慢慢地，在民警的正确教育引导以及可可的支持、谅解下，老白从悲伤中走了出来，重新振作起来。他思考问题也变得更加冷静、更加客观，认识到继续悲伤下去也改变不了已经发生的事实，认识到继续吸毒只有家破人亡这一种后果。要想改变，只有化悲痛为力量，坚决拒绝毒品，下定决心重新做人，否则，只有死路一条。

洗心革面塑新生　办法总比困难多

两年的时光过去了，从戒毒所出来后，老白怕重新走上复吸的老路，怕遇到以前的那些"粉友"，怕自己把持不住，怕家庭破碎，他坐立不安，在家里待了半个多月不敢出门。

无奈之下，他想到了解戒前出所谈话时大队民警说过可以通过戒毒康复，逐渐适应社会。抱着试试看的心态，他拨通了"爱心联系卡"上的大队办公电话。

接到电话后，大队民警很重视，立即与戒毒所康复中心取得联系，帮助老白来到戒毒所康复中心，接受半封闭式管理。

在康复中心四个多月的时间里，大队民警、康复中心民警都非常关心他，经常与他谈心，教他正确面对困难，并主动将老白在康复中心的表现情况和戒毒决心告知老白的妻子，希望她能够配合警察，帮助丈夫戒毒。慢慢地，可可对老白的看法有了较大的转变，对他也有了信心。

走出康复中心以后，民警介绍老白到深圳一家合作厂家做搬运工。经过半年的试用期，老板看到老白干活儿卖力，感受到了他戒毒的决心，也想帮他一把，就把他调到四川去跑业务。在外省跑业务的那段时间里，老白很孤独，但是也很踏实、开心，因为他远离了毒品，开始了新的人生。后来，可可也带着小孩跟他一起到了四川。

2015 年底，经过夫妻两人的艰苦打拼，有了一点积蓄的老白带着怀有身孕的可可回到了老家，想重新建起被台风刮倒的房子，以告慰父母的在天之灵。但是，当地的包工头、卖建筑材料的、施工的一听说是老白要建房子，都不敢接他的单。毕竟吸毒时间太长久，老白名声、信誉都不好，人家看到他就怕，生怕又要找自己借钱。

这时候，老白没有自暴自弃，他学会了寻求帮助，把自己的遭遇向大队民警倾诉。大队民警建议他通过当地政府相关部门解决。于是他找到了当地的治安主任。在治安主任的陪同下，老白带着现金一个一个、一户一户地去给亲戚朋友还钱。亲戚朋友也感受到了老白的真诚，看着他怀孕的妻子，纷纷表示要支持老白先把房子建起来，把家安下来。面对亲戚朋友的再次信任，老白热泪盈眶，当着治安主任的面向大家做出了郑重的承诺："我要重新站起来，要活出个人样来！"治安主任也鼓励他说："看着你现在的表现，我们都会重新接纳你，只要你拿出决心来好好干，你家里的事，我们帮你安排好。"

戒断毒瘾意志坚　抬起头来重做人

通过以上几件事情，老白更加坚定了戒毒的决心。因为他知道，只要自己不吸毒，就一定会有人相信自己，帮助自己，给自己机会。他也时刻告诫自己，不能再辜负民警的教诲和亲人的期盼。

2016 年 5 月，可可再次为老白生下一个女儿，小女儿的出生也给家里带来了更多的欢乐。12 月底，老白一家人如愿以偿住进了新房子。虽然装修很

简单，但是，一家人住得安心。本来想选择继续回四川打工，但因为小孩需要上学，最小的女儿又还小，老白也不想再跟她们分开，就选择在老家做一名水电修理工。

村里的人看到老白三年多没有再吸毒，也慢慢接纳了他，再加上治安主任担保，老白技术过硬，大家都纷纷找他干活。虽然钱不多，但是他现在能够通过自己的双手养活家人，生活非常踏实和开心。

"人的一生不就是图一个家庭幸福，身体健康吗？"老白说道。特别是在广州打工的大儿子，看到父亲戒毒的决心，感到非常高兴，态度也有了明显的转变，每个星期都会给老白打个电话，告诉他自己现在的情况。这让老白找回了失去已久的认同感，感到非常幸福和快乐，同时也更加坚定了他戒毒的决心，他时刻提醒自己要痛改前非、重新做人，要彻底与毒品决裂，用自己的双手给妻儿老小一个幸福完整的家，以实际行动来弥补对家人的亏欠……

2017年4月，戒毒所民警到潮汕地区进行跟踪回访，老白知道这个消息后，主动跟大队民警联系，希望民警能够到他家里看一看。

那天，老白早早到到村口来接民警。到了家里，夫妻俩跟民警聊起了家常，讲述了戒毒后这几年以来发生的事情。民警能够感觉到他们发自内心的喜悦和幸福。可可也主动讲到了离婚之事，她说："老白一次又一次地吸毒、戒毒，所有的亲戚朋友，包括父母都让我跟他离婚。我就想我跟他离了婚，我的小孩怎么办？如果真的离了婚，那老白这辈子可能就真的完蛋了，家也就毁了。谢谢你们把他教育好了，让他彻底把毒戒了，老白现在在村子里也能够重新抬起头来做人，他看到了生活的希望。"

戒毒事业添薪火　寸草报得三春晖

现在，老白不仅自己戒了毒，还积极帮助身边的同乡、以前的"粉友"，告诫他们要坚定信心，坚决拒绝毒品。他跟以前的"粉友"林某在微信聊天时说道："现在都已经40多岁了，吸毒近20年也没有搞出什么名堂来，只落得个神憎鬼厌的臭名，真的不能再去吸了。为了自己，也为了家人。"

老白成了当地小有名气的戒毒先锋，他经常与治安主任一起对戒毒回乡人员进行家访和提醒，并把自己吸毒20年的经历告诉大家。同乡胡某，2016年5月从戒毒所解戒后，差一点复吸，是老白三番五次的开导、帮助，才挽救了他，胡某现在广州打工，没有再吸毒。

曾经一起戒毒的陈某、李某、曾某等也经常与老白联系，他们之间的谈话内容主要是互相鼓励、互相提醒，保持操守都接近两年了。2017年"6·26"国际禁毒日当天，老白主动提出要参加戒毒所的文艺会演暨戒毒所开放日帮教活动，勇敢地站上了讲台，讲述了自己20年的吸毒戒毒历程，以自己的亲身经历，告诫在所人员要远离毒品，让更多的人看到成功戒毒的希望。

【采写手记】

老白在人生中经历了一连串挫折：妻子要与自己离婚、屋子被台风刮倒、母亲去世。以致其郁郁寡欢，很容易借助毒品进入无忧无虑的幻觉中。戒毒所加强对老白的心理干预与社会支持，使老白逐渐走了出来。老白最后终于认清毒品的危害，从而坚定了保持操守的决心。

在老白的身上，我们看到毒虽难戒，但毒能戒！同时也看到了强制隔离戒毒工作的价值。笔者认为，老白能成功戒毒，主要有以下四个原因：一是本人戒毒愿望强烈。老白反复吸毒戒毒近20年，最终能够成功戒毒，主要是因为自己有强烈的戒毒愿望，通过对家里接二连三发生的事情的反思，他认识到了毒品的危害，认识到如果自己继续吸毒，那么只有死路一条这个客观事实。所以在遇到困难、挫折的时候，他不再怨天尤人，找借口让自己复吸，而是积极调整好心态，坦然面对。二是家庭关系的修复。妻子的不离不弃、孩子的重新认可，都给了他新的希望和动力。就是因为一个简简单单的想法，不希望自己的家毁了，让他们一家人历经艰辛后过上了正常的生活。三是社

会的帮扶与支持。在老白最迷茫无助的时候，得到了戒毒所及康复所的接纳，使他调整了心态，顺利适应了社会；在老白不知所措的时候，民警能够耐心倾听，并给予正确的指导意见；在老白需要工作的时候，政府给予支持，老板也给了机会；在老白想要重新开始的时候，当地政府部门、亲戚朋友也能够给予谅解和支持。四是价值观的重新修正。以前的老白，经常跟人借钱不还。在众人的帮助下，洗心革面，一一还清，改变了大家对他的负面看法。同时，还劝别人不要复吸。在国际戒毒日，他以自己的亲身经历警醒他人。在帮助他人的过程中，自己也加深了对毒品危害的认识。如今，一身正气的他，再不会对邪恶毒品心存幻想。

　　毒，难戒，但能戒！

（采写人：范旗辉）

玲玲用行动证明了自己的决心，她不仅主动配合民警的管理，还积极参与春节联欢会等所内组织的多项活动，并且积极报名参加在戒毒所举行的学员学习评比活动。现在的玲玲，和刚入所时那个冷漠的"女老大"可谓判若两人。

小辣妹戒毒记

混迹江湖　陷入泥沼

玲玲（化名）是家中的幺女，父母从小对她非常溺爱，导致其性格执拗、我行我素。玲玲相貌清秀，学校里不爱学习的男生总是爱叫她出去一起玩耍，吃东西，抽烟喝酒。久而久之，玲玲玩心大涨，不思学业，初中还没毕业就不顾家人劝阻，辍学外出打工。

花花世界灯红酒绿，正值豆蔻年华的玲玲与一些社会小青年结识后，找文身师在自己白皙的皮肤上纹出了花哨的图案。和朋友在一起时，玲玲喜欢模仿港台影片的人物形象将自己打扮成一个酷酷的"太妹"，抹着红色的口红，涂着黑色的指甲，用手指熟练地夹着香烟吞云吐雾，古惑仔们叫她"小辣妹"。

2004年，玲玲在泡酒吧时沾上了毒品，从此一发不可收拾。为了满足毒瘾，玲玲花光了自己的积蓄，开始向父母要钱，每次都变着法儿地找借口，今天买衣服明天旅游，父母虽然觉得可疑，但是拿女儿没办法，总是满足玲玲的要求。

有一天，当玲玲在宾馆里吞云吐雾时，被公安民警抓了个正着。当家里人接到通知时，全家人才知道平时给玲玲的钱原来全被她当了毒资！

一团黑云重重地压在了家人的心头上。母亲到拘留所看玲玲时当场哭晕了过去。玲玲看着痛心疾首的家人也非常后悔，触碰毒品导致自己沉沦至此，让家人如此伤心，她暗自发誓再也不碰毒品了。可是事实却打了玲玲一记重重的耳光，玲玲才从公安监管那里出来，又因吸毒再次被抓接受戒毒矫治半年。

当从戒毒所出来，看到来接自己的父母亲人时，玲玲的头垂得低低的，完全不敢直视家人的眼睛。这次回了家，父母更为悉心地照顾玲玲，不让她离开家人的视线。也许是过多的关注反而让玲玲有了压力，也许是她积压的情绪无处释放，更多的还是毒魔强大的诱惑，玲玲晚上想着念着过去吸毒的种种，辗转反侧。

在家没待满三个月，一个晚上玲玲趁着家人不注意，悄悄离开了家。这次她和家里人彻底断了联系，在外一边打工一边满足自己的毒瘾需求。就这样，2011年玲玲再次因吸毒被抓，被送到了某女子戒毒所，开始了为期两年的强制隔离戒毒。

入所初期，由于情绪易激动，玲玲经常和班上其他戒毒人员因为一点小事就发生口角，甚至动手打人，多次违规违纪，成为戒毒所的刺头。民警找她谈话，每次她都答应得很好，转脸就我行我素。

玲玲抱着一种自暴自弃的态度，以一种颓废的姿态生活着。在民警与她谈话时，她说道："家人凡事都会让着我，习惯了。反正现在已经废了，在戒毒所也好，反正出去了也是一个人过。"

春风化雨　迷途知返

通过对玲玲的资料收集与分析，民警发现玲玲的性格比较固执、冷漠，喜欢自我封闭，总是回避和人接触。入所后她没有给家里打过一个电话，对民警常常冷着一张脸不多说一个字，更不搭理其他戒毒学员。大家一起打扫卫生的时候，玲玲一个人坐在床边，跷着二郎腿，像一个孤傲的"江湖老大"。

不过民警发现，玲玲在言谈举止中偶尔还是会透露出对家人的惦念。民警猜测，由于她内心深处缺乏安全感，防御心较重，导致对他人总是抱有敌意，觉得他们不可信任。偶尔一点小事也会使得她情绪波动，和人产生口角矛盾，甚至动手打人。

针对这些情况，戒毒所的民警们打算集中火力，"攻"下这个年轻的顽固分子。民警们分批多次找她了解情况，给她做思想工作，动之以情，晓之以理，希望能促使她端正态度配合管理，强调遵守所规队纪的重要性，可以说是赏罚并施。

负责心理矫治的民警多次对她进行危机心理干预，与之建立良好的咨访关系，取得玲玲的信任后，定期为玲玲做心理咨询，缓解她的抗拒情绪，促使她吐露心声以寻找心理上的突破口。

民警在生活上给予玲玲适当的关心照顾，针对她缺乏生活用品的情况，预支生活用品给她，帮助她学习正常的人际沟通技能并鼓励她尝试建立良好的人际关系。

戒毒所还与玲玲的家属取得了联系，告知他们玲玲现在的情况，希望玲玲的亲人能够给予戒治支持，配合戒毒所的教育转化戒治工作，让她知道虽然自己多次吸毒，但原生家庭的接纳和支持依然在，从而燃起玲玲的戒治信心和生活希望。

在民警的关怀与挽救下，"小辣妹"玲玲一点一点改变了。首先减少了对民警的抵触心理，与外界建立了安全关系后，防御心降低，愿意与人沟通交流了。从以前的沉默以对、抗拒交流、随口应好转变为开口倾诉，也将民警的教育听进了心里。她的情绪渐趋稳定，能与其他戒毒人员建立良好的人际关系了。在民警的劝说和鼓励下，她还给家里拨打了亲情电话。电话一接通，玲玲的眼泪就流了出来，在得知家人没有放弃她后，家庭的接纳和支持促进了她安全感的建立。

在与民警的谈话中，玲玲表明了自己的态度，说自己已经想通了，已经成年了，因为吸毒浪费了近10年的光阴，不愿意再这样过一生。她感谢民警的教导和关心，表示自己以后一定会好好表现，好好戒治。

玲玲用行动证明了自己的决心，她不仅主动配合民警的管理，还积极参与春节联欢会等所内组织的多项活动，并且积极报名参加在戒毒所举行的学员学习评比活动。现在的玲玲，和刚入所时那个冷漠的"女老大"可谓判若两人。

父母看到玲玲的改变，觉得非常欣慰。玲玲因表现优秀，提前 4 个月解除了强制隔离戒毒。走出戒毒所后，她主动提出去康复所进行巩固戒治，以防复吸。

通过民警的积极联系，走出戒毒所的玲玲到了戒毒康复所，开始在戒毒康复所工作并巩固戒治操守。在这里，玲玲遇到了自己的"白马王子"。

2014 年底，玲玲和男友回了老家，也许是由于与对方有着相同的经历，他们的交往马上得到了双方家人的认可和支持，希望他们能把自己的小日子过好。在家人的祝福下，玲玲穿上洁白的婚纱与心爱的人步入了婚姻的殿堂。

亲情爱情　信念坚守

在笔者的采访中，玲玲谈到使自己坚定戒毒信念的因素有很多，首先是家人的接纳和支持。两个哥哥和父母对自己倾注了太多的爱，如果还戒不掉的话就太对不起家人了，家人是自己戒毒最大的动力源泉。每周，玲玲都会给父母和两个哥哥分别打电话，告知他们自己的情况。玲玲住得离家不是太远，逢年过节有空时哥哥都会来康复所看她，她偶尔也会和老公一起回去看望父母。

其次是爱情的力量。玲玲和爱人认识一年多后才结婚，爱人是一个做事认真、有意志力的人，在康复所的时间比自己还长，爱人的鼓励以及他戒毒的决心对她也是一种鞭策和鼓励。两人约定好要互相监督、互相扶持，不要再走上岔道。现在两个人都稳定了很多，希望能够拥有自己的孩子。为了孩子的健康和未来，他们愿意坚持下去。

最后是来自社会和政府的关爱。玲玲在康复所接近两年的时间里，当地政法委同志曾经多次来所探望。玲玲感受到了来自社会的温暖和关爱，觉得自己没有被社会抛弃。虽然犯过错，但是社会和政府都没有歧视自己，她还有很多机会，还有很美好的未来。

戒毒所的民警们对她非常关心，专管民警在她解戒之后经常通过电话、社交软件关心玲玲的近况，鼓励她坚定戒毒决心不要轻易放弃。

想想戒毒所的民警们，玲玲觉得如果自己再去吸毒，实在愧对政府的关怀，这也是她坚持的理由之一。

玲玲说，虽然一直待在康复所，但是偶尔也能听到之前认识的某某从戒毒所或康复所出去后又复吸了的消息。她的内心也是有压力和恐惧的，一方面怕出去后坚持不住复吸，另一方面又深觉毒品害人不浅，以后再也不敢触碰这样的东西了。

玲玲还经常在康复所看到许多戒毒成功典型的故事，觉得既然别人能够彻底戒除毒瘾，只要自己有决心也一定能做得到。

玲玲不仅在康复所内表现优秀，还多次主动要求参加女子戒毒所的帮教活动。玲玲鼓励在所的戒毒人员坚定戒治决心，相信社会帮扶，分享自己的戒毒经验；鼓励一些对出所之后的自律之路不是太有信心的戒毒人员。每次她进行帮教活动都得到了很好的反响。

私下也有很多戒毒人员会向玲玲询问种种问题，玲玲也都给予耐心回答，她说："一日吸毒终身戒毒，我知道这条路还很长，很难，我曾经也失望、无助过，但是戒毒所帮助了我，只要能帮助到其他戒毒人员，力所能及的事我都一定会做。"

【采写手记】

玲玲在家里被宠爱惯了，做事喜欢由着自己性子来，所以早早辍学，在社会上与不良青年交往，染上了毒瘾。后来终于学会了对自己负责，坚决戒毒。

根据玲玲这个典型案例，并结合过往的矫治经验，我们发现大部分戒毒人员没有坚定的戒毒决心还是因为缺乏明确的动力，特别是缺乏来自原生家庭的接纳和支持。比如吸毒年数长、戒毒次数多、复吸频率高的戒毒人员，多次失败的经历导致其负性心理体验增多，这同时又强化了其放弃戒毒和持续复吸的行为，从而使其戒除毒瘾的难度加大，戒毒的信心降低。

面对难改难教的戒毒人员，我们的首要任务是切实掌握其性格特征、心理特征、原生家庭情况、成长经历、人际关系等基本情况，以便深入地分析戒毒人员的个体化差异，从而使得戒毒矫治方案更具科学性和针对性。

（采写人：唐祎卓）

面对千磨万难，雨音抱怨过、奋发过、挣扎过、痛苦过，最后她妥协了，再度复吸……生活再次给雨音出了道残酷的难题，半年后，她被医生告知自己因输卵管堵塞和子宫腺肌瘤而无法受孕。多次治疗并做了两个月的人工授精，均告失败……

重新插上翅膀的女人

雨音（化名）家庭条件较好，性格比较骄横。父母在深圳龙岗新区工作，有一个哥哥和两个姐姐。中专毕业后，父亲找关系将她安排在广东某地的司法局实习，参加禁毒宣传教育工作。

由于不喜欢定时定点的工作模式，实习期满后她放弃了留在司法局工作的机会，回到深圳开始过上整天打麻将、唱 K 的日子。由于家境良好，父母又忙于工作，疏忽了对她的管教和交流，雨音养成了自由散漫、放任自我的性格。

1996 年，父亲因为受贿被检察院带走，家庭状况一落千丈。突如其来的家庭变故，让她一时间难以接受，情绪一度变得消沉。在"朋友"的"安慰"下，她吸食了第一口毒品，从此便一发不可收拾。此后，为了吸毒，她以各种借口骗取家人的钱财，经常夜不归宿。

七次法律制裁唤醒戒毒良知
戒毒女警倾情教育初显成效

自 1996 年雨音第一次吸食毒品后，先后 7 次受到过法律制裁。多次戒毒失败的经历，慢慢使她变成了行尸走肉，在法律法规面前麻木不仁，对高墙内的生活习以为常，甚至有一次出了看守所大门不到 24 小时就复吸了。此后不但没有戒掉毒瘾，甚至一度以贩养吸，直到 2013 年 12 月再次进入某女子戒毒所。此时的她已 35 岁，1/3 的人生差不多都在高墙内度过。她开始反思人生，并意识到，她再也不想过这样的生活，此刻她应该做的、能够做的就是戒毒。

2011 年 11 月，雨音第一次来到戒毒所接受隔离戒毒，各方面表现都较好，深得民警的信任，最终提前 7 个月解戒。所以，当 2013 年 12 月在戒毒所再一次看到她时，大队民警无不感到惊讶。

民警第一时间找她谈话，大队专门开会讨论了她的问题，一致认为：不能因为她是"二进宫"就降低对她戒毒的信心和要求，要全面了解她再次接受戒毒的心理变化，在综合评估她第一次在队表现的基础上，有针对性地开展教育矫治活动；启动心理健康矫治机制；实施心理测评、评估心理健康水平；开展心理辅导活动，转移其注意力，调整她的情绪；在治疗过程中通过言语、动作等进行心理暗示，强化其戒毒信心，坚定其戒毒意志，消退其吸毒行为。在民警的积极作为下，她感受到了民警的真诚，她说："永远不会忘记民警对我的真心关怀，尤其是有一位民警为我流下的眼泪，让我感受到了来自戒毒所的温暖，重新燃起了对生活的希望。"

打铁要趁热，在心理矫治取得初步成效的同时，大队民警齐抓共管，及时强化，积极反馈，以求取得巩固戒毒的成效。

在工作中，民警严格执法、文明管理，使她从民警的工作方式中领悟到做人底线、做事原则。在生活上，民警真诚关怀、无私奉献，让她在治疗过程中获得关怀与尊重，在满足感与获得感中探寻自我，树立矫治信心。为打消她对今后生活困难的顾虑，民警在她身上倾注了许多心血，对可能出现的思想问题，做到早发现、早排除，化被动为主动。

戒毒离不开家庭的支持。戒毒所联系雨音的家人联合开展工作，得到了雨音父母及公公婆婆的支持；民警还让雨音给同在戒毒所的丈夫写信，夫妻共同许下家庭愿望。

戒毒所课堂化教育中有关孝道、家庭的内容也不断感化着雨音，政府多次开展以家庭为主题的教育活动，雨音在这些活动中受益良多。政府还请社会知名人士、社会组织、成功戒毒典型等来戒毒所做报告，并提供出所就业政策解答，帮助雨音消除出所后的顾虑。

打开心结的雨音开始积极主动接受所内的教育矫治了。因为写得一手漂亮的字，她参与了院区的黑板报设计和制作，并多次获得好评；因为有着中专学历，曾经读过一些书，她撰写的稿件经常被戒毒所甚至省戒毒局的报刊选登。而对于那些条件困难的戒毒人员，她总是施以援手，无条件给她们提供日常用品。

由于各方面表现较好，雨音被推选为戒毒人员民管会副主任。在积极接受教育矫治的同时，通过与他人相互交流、相互鼓励的形式，带动其他戒毒人员坚定戒毒目标。最终提前4个月解戒。

家人不离不弃挽救破碎家庭
夫妻共同戒毒终获幸福人生

家是雨音戒毒过程中最强大的精神支柱。1997年，当家人发现她吸毒后，哥哥第一时间把她锁在家里，断绝她与毒友的联系，两个姐姐日夜轮流守着她，母亲买来昂贵的戒毒药帮她戒除毒瘾，减轻毒瘾发作带来的痛苦。

虽然她已7次进出戒毒所，但家人依然没有放弃她。2001年，母亲大脑中枢神经受压迫，无法正常走路，仍经常在雨音隔离戒毒期间前来探访，提供生活费。2011年结婚后，雨音又连续两次接受戒毒，公公婆婆也没有放弃她。

家人的宽容让她学会了感恩，懂得自己对家庭应该承担起责任。2015年出所后，在家人的爱与关怀下，她再次感受到了家的温暖，她希望把这一份家的温暖传承下去。

回望戒毒之路，雨音感慨道："在经历多次复吸，感觉戒毒无望、万念俱灰的情况下，幸好有家人由始至终的不离不弃，才没有放弃。"

雨音2011年结婚，她本应为了家庭戒毒到底，然而，新婚不久的她与丈夫同时因为再吸毒被责令接受强制隔离戒毒。其间，她和丈夫互通信件，相互劝诫、鼓励，约定出所后要一起戒毒，保持

不再吸毒。然而，2013 年解戒出所的她面对的现实却是，提前出所的丈夫早已复吸。

面对千磨万难，雨音抱怨过、奋发过、挣扎过、痛苦过，最后她妥协了，再度复吸。再一次结束戒毒已是 2015 年 8 月，在经历过一次次地尝试戒断又失败之后，雨音的内心早已对戒断无望。于是，她和丈夫不再豪言壮语，而只是为了生育一个属于他们俩的孩子而努力。

生活再次给雨音出了道残酷的难题，半年后，她被医生告知自己因输卵管堵塞和子宫腺肌瘤而无法受孕。多次治疗并做了两个月的人工授精，均告失败。就在她身心俱疲想要放弃的时候，命运之神终于眷顾了她，自然受孕成功了。但因为长期吸毒对身体造成的损害，加上又是高龄产妇，怀孕后几次险些流产，所幸最终平安。丈夫一直对她悉心照料。

记忆永远是深刻的，吸毒的情景有时候仍然会溜进他们的潜意识里，他们会梦见自己吸毒的场景，也会在醒来后聊起这个话题，但是，他们不再为之动摇。现在的他们正满怀喜悦地等待着新生命的降临。

自我救赎成功不忘挽救他人
难姐难妹齐心共筑戒毒防线

雨音不仅自己保持住不再吸毒，还积极带动曾在戒毒所隔离戒毒的人一起互相督促。她把原有的出所人员自发组建的微信群不断壮大，把微信群作为出所人员的沟通纽带，并邀请民警加入。微信群的功能从有着同样吸毒戒毒经历的人互相埋怨社会的不公、吐槽生活的不幸，转变为向民警咨询政策、寻求意见，大家每天相互问好。

群体的影响总是巨大的，戒毒所的领导充分肯定了这种帮教方式，为进一步扩大巩固微信群的运转，创新延伸帮戒方式，搭建了"无微不至"微信平台，给戒毒人员宣讲微信群的作用和意义，给每一个即将解戒出所的人员提供加入微信群的方法。

一年的时间，微信群人数从原来的 30 多人增加到近 200 人。在微信群里，大家分享生活中的快乐，互送祝福；遇到困难时，互相鼓励。民警对有助于戒毒的言行及时进行反馈鼓励，对不利于戒毒的负面的东西及时给予正确引导。

这种积极奔走相告的行为本身，给在所隔离戒毒人员传递了戒毒信心和动力。雨音说："一开始建立微信群，有人提醒我，小心又被带着复吸了。但是，我不担心她们会对我产生不良影响，相反，我觉得大家对生活积极向上的态度反而会让一些正在接受考验的'同学'悬崖勒马。把正在戒毒的人与已经戒毒成功的群体聚集在一起，通过各自积极正向的观念、经验的相互影响，获得更多的社会支持。我希望会有越来越多有共同经历的人加入我们这个群里来，让大家一起坚守这份决心，一起抱团取暖。"

每当临近中秋和春节，她还组织微信群里的成员给还在接受强制隔离戒毒的人献爱心，如捐赠水壶、水杯等，送去关心和鼓励。在 2017 年春节捐款倡议书中，她写道："感谢一直以来都热心参与的同学们，希望以后都有你们一路同行。因为知足，所以

常乐；因为得到，所以感恩。'勿以善小而不为'，不管你献出多少都是你的一点小心意，也当作对自己新一年的祈福吧。"

在所的戒毒人员感受到了有着同样经历的人积极向上的生活态度，这增强了她们出所后开启新生活的信心。例如，有的戒毒人员说："一直得到民警的帮助，我有时觉得理所当然，有时恨自己像个蛀虫。如今得到有着同样经历的人的帮助，我才发现，原来我也有资格和能力去帮助别人。出所后我一定要远离毒品，做一个有用的人。"

"阳光总在风雨后"，雨音在戒毒的道路上苦苦挣扎了近 20 年，青春已逝，所幸"亡羊补牢，为时未晚"，在政府、家人，以及自身坚定意志力的共同作用下，她把"要我戒毒"的观念内化为"我要戒毒"，至今保持戒断未复吸，并且有了幸福的家庭，孕育了新的生命。

【采写手记】

雨音把"要我戒毒"的观念内化为"我要戒毒",这个可喜的转变背后,是戒毒民警在教育矫治中掌握了科学的方法:一是注重量体裁衣。戒毒所要注重结合戒毒人员的实际情况制订个性化矫治方案,做到一人一策,详细收集其个人信息资料,并与之商讨,制订切合其个人实际的矫治方案,并明确矫治目标、实施的方法步骤和考核要求等。二是找准切入点。在教育矫治过程中,民警要全面摸清戒毒人员的个性特征,找准"牛鼻子",及时把握矫治契机,以强化亲情帮教为切入点,认真落实好她们在传统佳节、生病期间的探访和帮教工作,以期收到明显的矫治效果。因此,只有准确、敏锐地找准时机,才能事半功倍取得成效。有些时候,时机还未成熟,要学会忍耐和等待。

(采写人:周　渊)

3 个月与世隔绝的戒毒生活过后，阿满本以为自己从此就与毒品绝缘了。孰知，出所的当晚，在街上碰见之前的毒友，在他的邀约之下，又轻易沦陷了，再一次成为毒品的奴隶，再次过上了吸毒—找钱—吸毒的日子。不到一个月，他又被家人强行送到了自愿戒毒所……

从被人服务到服务于人

在交谈中，阿满（化名）一直面带微笑，娓娓道来的陈述让我们感受到一位戒毒成功者的淡定从容，也感受到他面对挫折时的不屈不挠，更感受到他对生活真诚的热爱。从一个吸毒人员到公益分子，从一个享受服务的人到服务大家的人，这当中的曲折与辛酸，这深藏着的理想与矢志不渝，让我们不禁为他喝彩，更为他祝福……

失足的热血青年

阿满出生在一个并不是很富裕的港口小村落，村里曾经有人因为吸毒导致家破人亡。高中毕业的阿满，曾发誓要通过自己的努力去改变乡村的这种状况，并幻想着有一天能当上村主任，带领大家共同致富。头脑清晰的阿满知道自己没有基础，不具备条件，这一切都只是梦想，真正的事业是干出来的。于是，他背上行囊，去西安、南宁，做过海鲜养殖、工地管理等。通过努力，加上脑子灵光，几年下来，他积累了几百万元的财富，成为当地最早富起来的人。

年轻有为，有理想，有抱负，并带动一批年轻人走向富裕，也为家乡的建设贡献了不小的力量，这让阿满一时成为村中的红人。同时，阿满也收获了美满的爱情，对方是一名幼师，单纯、善良、美丽。两人恋爱半年就登记结婚了，日子过得红火而幸福。

但凡事都有两面性，在阿满踌躇满志的同时，麻烦也跟着来了。有钱，人缘好，在与形形色色的朋友交际的过程中，在灯红酒绿的环境和他人言语的吹捧之下，阿满逐渐失去方向，迷失了自我。终于，在一次聚会上，好奇心的驱使令他第一次接触了毒品。阿满一辈子也不会忘记，1996 年 3 月 25 日，一个让他刻骨铭心、追悔莫及的日子。

挣扎的瘾君子

有道是："一朝吸毒，十年戒毒。"毒品这东西是千万碰不得的。那些毒瘾发作、戒毒的日子比死还难受，一旦毒瘾发作，浑身像有千万只蚂蚁穿心，大脑疼痛，一刻也停不下来，唯一的想法就是赶快找到毒品，通过一次次地吸食毒品来缓解身体的不适。

这样一种解决方式，让阿满的生活更加离不开吸毒。他似乎忘记了家乡，忘记了儿时就听说过的村里人吸毒家破人亡的悲剧，走上了危险的不归路。吸毒，开支巨大，最疯狂的时候，一天要 500 多元，少的时候也要 200 多元。很快，自己的积蓄被毒品掏空，为了吸毒，阿满拼命挣钱。但吸毒之后，身体虚弱，精神萎靡，工作并不好找，手头很是紧张，经常供不上吸毒的开销。此时，阿满不得不编各种借口向家人伸手要钱。但不管毒瘾如何难受，他始终坚持不偷不抢，不干违法的事情。

要钱次数多了，加上精神状态不好，吸毒的事情就被家人发现了。为了挽救他，家人把他送去当地的一家戒毒所，希望他能把毒戒了。阿满在戒毒 7 天之后，筋疲力尽，但对毒品的渴望减弱了。

3 个月与世隔绝的戒毒生活过后，阿满本以为自己从此就与毒品绝缘了。孰知，出所的当晚，在街上碰见之前的毒友，在他的邀约之下，又轻易沦陷了，再一次成为毒品的奴隶，再次过上了吸毒—找钱—吸毒的日子。不到一个月，他又被家人强行送到了自愿戒毒所。同样的戒毒环境、戒毒方法，增加了 3 个月的时间，但并未让他彻底戒毒。

家人为他操碎了心，想过很多办法，例如送他去新疆、云南戒毒，但都以失败告终。第三次从戒毒所出来，阿满主动提出了离婚，他知道他给不了妻子幸福，不想耽误她。虽然妻子万分不情愿，但阿满还是决绝地结束了这段婚姻。阿满由此陷入"吸毒—戒毒—吸毒"的怪圈中，这种循环一直持续到 2010 年。

回头的浪子

十多年在毒海漂浮的日子里，眼看着父母亲日渐增多的白发及佝偻的身影，还有身边不断消失的毒友，阿满越发感到害怕，他在不断寻找新的戒毒良方。一次偶然的机会，他在电视上看到广东三水某戒毒康复所的宣传，这里没有围墙，只有优美的环境、多样的康复措施、人文化的管理，阿满觉得这就是他理想中的康复场所，应该是自己走向新生的地方。于是，阿满告诉家人，想去戒毒康复所接受康复训练。

2010年2月15日，在家人的陪同下，阿满来所办理了入所手续。针对阿满的实际情况，辅导员与阿满一起制订了有针对性的康复计划：一是恢复体能。吸毒后，最直观的变化是身体被摧残，体质变弱，无精打采。因此，首要任务就是按照康复五训中体能训练的计划结合阿满的身体实际开展训练。二是心理康复。通过心理咨询、团体辅导、专家讲座，让其意识到戒毒最关键的是戒除心理依赖，多给予其正能量，在心理上播撒阳光。三是拒毒能力训练。为提高阿满拒绝毒品的能力，辅导员给他讲解"救命三十秒"方法的运用，教他应对毒友的诱惑的方法，同时利用每月两次的双休，鼓励他多踏入社会接受锻炼，不断增强应对高危环境的能力。四是社会志愿服务，开展感恩教育。针对阿满热心社会公益事业的特点，吸收他加入康复所志愿服务队，带他积极参加所里开展的志愿活动，每月去一次三水南边敬老院慰问老人。阿满从不落下，这进一步激发了他服务社会的热情。

阿满以极大的热情投入各项康复活动中去，每天都充满激情，认真完成

各项训练，积极参加所里开展的文艺活动。但好景不长，枯燥的训练看不见成效，这让阿满的热情逐渐消退。为此，辅导员多次找他谈心，鼓励他多读书，多写些康复心得体会。由于文笔较好，他写的多篇文章被所报刊采纳并发表。在康复训练之余，辅导员陪阿满沿着康复长廊散步，让其细细体会长廊上的那些名言警句，引导其反思自己的人生。通过努力，阿满又积极投入到康复训练中，并开始思考自己的人生了。回首那些不堪的吸毒的日子，恍如做了一场噩梦，吸毒前的雄心壮志哪里去了？当年立下的誓言随风飘去了吗？阿满觉得，是时候觉醒了，一定要与毒品决裂，一定要实现当年的梦想！

重生的男儿

半年后，阿满提出想出所尝试一下。经过评估，区里民警一致认为，他的体能恢复较好，对毒品的心理依赖也明显减弱，拒绝毒品的能力大大增强。阿满在康复过程中能心怀感恩，想回馈报答社会，符合出所训练要求，但民警希望阿满出所后与辅导员保持联系，定期和辅导员沟通，汇报社会训练情况，以便及时提出警醒意见。阿满心怀感激地点了点头。2010 年 9 月，阿满半年协议期满后回归社会接受考验。

出所后的阿满，牢记辅导员出所前对自己的嘱托，在不能改变吸毒环境的时候，改变自己，远离吸毒环境，远离毒友，坚定拒毒意志。阿满在生活中也确实严格要求自己。与此同时，他与辅导员商量，共同明确努力的方向：一是要好好工作，将更多的精力转移并投入到工作中去，通过自身的努力养活自己。二是多做好事善事，在积极的社会观念的指导下，规范行为，回报社会。三是参与社会服务，融入社会群体，为村里的建设奉献力量，实现自我价值。

围绕定下的目标，阿满一步一步踏踏实实地努力着，在家人的帮助下，他与人合伙承包农田种植蔬菜，收益较好，实现了养活自己的目标。与此同时，阿满也收获了爱情，与一位善良的女孩结婚，有了一个幸福的小家；在社区工作人员的推荐下，他参加了当地社会志愿服务组织，以真诚、热心获得了当地青年慈善会领导的认可，被慈善会吸收为会员，慰问老人、帮扶贫困、拯救边缘少年、挽救吸毒人员；积极参加村中事务管理，为村里的建设出谋划策，为改善民生多方呼吁。在村民及周边社会对自己肯定的过程中逐渐找回自我，找到未来的方向。从一个被人唾弃的吸毒人员转变为一个受人欢迎的公益人士。

在我们采访阿满的当天，他身边来了不少朋友，我们听得最多的就是：阿满为人善良、正直、热情，勇于挑战自己，敢于面对生活挫折。他生意上的伙伴说："先看做人，再看做事，阿满的为人我放心，他不会拐弯抹角，为人诚实，与他合作没有压力。"

青年慈善会禁毒组组长说："阿满在村里的口碑很好，哪家有困难他都会伸出援助之手。去年有位村民得了癌症，他一有时间就跑过去照顾，提供一些生活用品，陪他聊天，直到那位村民去世。谁知天有不测风云。今年，阿满的妻子被查出癌症，要接受 3 次化疗。他一直陪在身边，悉心照顾妻子。他的人品很让人敬佩。"

在交谈中，阿满告诉我们，在是否接受采访这个问题上，开始他是抵触的，因为有多方面原因让他不得不考虑：一是恰逢村委会换届选举，自己正在竞选村主任，家人担心节外生枝，他也怕出意外。毕竟，自己有过吸毒的过去。二是村子是一个大的自然村，有几千人，关系复杂，盘根错节，他怕因为采访产生一些不必要的负面影响。在参选之初，他也经过慎重考虑，并征询过大部分村民及村中父老的意见，向他们坦诚自己的过往，大家真能接受一个曾经的白粉仔做村主任吗？但村里大多数村民表示不会介意，特别是老支书告诉他："我们不介意你的过往，只关心

你能否带领村民走向富裕、幸福，每个人都有犯错的时候，关键是知错能改。你这几年的努力，为村民做的实事，我们大家都有目共睹，也真心希望你能竞选成功。"有这样的鼓励，他觉得自己群众基础是好的，同时工作思路也符合村中实际，关键是他真的想为村民办些实事好事，想带领村民走向共同富裕，他相信自己可以实现当年的为民情怀。

看着自信、淡定的阿满，我们真诚地希望他能坚定戒毒信念，以更加稳健的步伐去践行自己的为民情怀！

【采写手记】

保持戒毒回归后的康复和操守，并不能仅靠执行机构（戒毒所/康复所）的工作，更重要的是延伸到所外的工作，对康复人员的后续跟踪尤为重要。这是一项"墙里开花墙外香"的工作。康复工作的目的就是让康复人员通过戒毒康复，重新回归社会，成为一个正常人。在康复过程中，康复人员与我们建立了相互信任的关系，康复工作者是最了解他们心理、行为习惯的人，是会理解和接纳他们的"知心人"，是他们最为熟悉、最为信任的"陌生人"，当他们出所后遇到困惑或是窘境时，他们最想寻求帮助的人经常是康复所的辅导员。因此，康复人员出所后，保持定期或不定期的跟踪回访是非常有必要的。

阿满的本心是善良的，毒瘾再大，也不偷不抢，并且为了不拖累前妻，与前妻离婚。康复后一直做公益事业。他欠缺的是比较好的规避高危情景的方法，第一次复吸就是因为毒友引诱，后来在戒毒所的帮助下，终于戒除了心瘾，生活又有了色彩。

（采写人：陈维忠）

民警告诉他家人，对于一个物质依赖患者来说，成功戒掉毒瘾有三大要素：40%的个人努力、30%的专业医疗帮助和30%的家庭支持。所以，行内有句忠告是"一人吸毒，全家戒毒"，这一方面是说家庭成员的支持对于戒毒者来说具有举足轻重的作用；另一方面，心理学家始终相信一个人出现物质依赖的现象，其家庭必然有不可推卸的责任。

敢问路在何方

家住广州的小邹（化名）第一次执行强戒是在广州市某戒毒所六大队，和大多数年轻人一样，他最初也是因为寻求刺激才沾染上毒品的。

小邹性格温和，不善言谈，此次被要求强戒时，妻子已经有了身孕，每每谈及此事，小邹便陷入了沉默。

无私大爱融坚冰

小邹第一次戒毒表现得很积极，在亲情的感化和民警的教育下，他逐渐改变了对毒品的认知，增强了戒毒的决心，有了更加积极向上的人生观和价值观。

但是，在解戒一年后，他因对家庭琐事深感无力，又无处排遣，最后又通过吸毒来释放内心的压力。于2011年3月2日再次被分到六大队执行强戒。

和第一次进来时不一样，小邹这次入所整个人看起来精神恍惚，又黑又瘦，走路都感觉像是要被风吹倒。心理测试显示小邹有严重的焦虑和轻度的抑郁，躯体化症状比较明显。

小邹入戒毒所后，不到一个月就和两名同宿舍的戒毒人员吵架，并且还出现了偷东西的行为。针对这种情况，民警对其进行了严肃的批评教育。所里让他参加学习班，他一副满不在乎的样子，而且情绪异常激动，目露凶光，不仅在言语上顶撞谩骂民警，还试图对民警动手。

经过反复教育，小邹依然不思悔过。鉴于他情绪过于激动，不适合再回到宿舍，民警让他单独待在一间管理室中冷静反省。小邹在反省期间不吃不喝，不注重个人卫生，随地大小便，民警拿来的饭菜也被他倒在了地上。

民警没有放弃小邹，不仅对他做了大量耐心的思想教育，还邀请心理医生进行心理干预，确定小邹是因为吸食冰毒过量出现了一些典型的后遗症，需要慢慢缓解。

心理医生表示戒毒人员大多存在极度的自卑心理，身上或多或少都存在"污名化"的标签。在此期间，小邹最需要的是心理上的建设性支持，在各个方面继续强化戒毒的心理动机，不能采取过激的语言或者其他敏感词语刺激他。

戒毒所积极联系了小邹的家人，把情况详细告知了他爱人，并解释对于戒毒人员来说最重要的动力就是家庭支持，希望小邹的妻子在探访日过来看望他，及时给予其心理上的支持。

在探访日当天，经过多方的协商努力，小邹与其爱人单独会面了，经过爱人劝说之后小邹表示愿意尝试改变。后期，心理医生又对其做了多次心理疏导，小邹逐渐认识到了自己的问题，并且主动写了保证书，表示多谢民警的关心和教育，希望积极改过，遵守戒毒所的规章制度。

在接下来的日子里，小邹积极做好自己的事情，不仅参加各类教育活动，还主动帮助其他学员。民警对他的表现给予考核优秀等级，并且公开表扬他树立了好的榜样。

点滴小事暖心窝

岁月如梭。小邹因表现比较优秀，各方面考核都合格，达到了考核评估的标准。可就在这时，教育干事又发现小邹最近心不在焉，任务不能及时完成，并且屡次出错，晚上睡觉翻来覆去，白天也是一副坐立不安的样子。

通过侧面了解，民警获悉最近小邹家里出现了问题，但具体情况小邹不愿意说。大队领导商量后决定对他进行跟踪了解，在一次电话接听中，民警发现他和老婆在电话中有很激烈的争吵。打电话进行家访时得知婆媳关系存在问题，询问之下小邹将事情和盘托出：这段时间，妻子和婆婆之间又一次产生了矛盾，婆媳关系破裂。小邹也找不到办法调和婆媳之间的关系，所以很郁闷。前次复吸也是因为和妻子关系很不好，沉闷久了，一气之下企图用吸毒来忘掉烦恼，逃避问题。

针对小邹的问题，大队领导专门召开管教会对他进行深入的剖析，认为婆媳矛盾只是客观方面的问题，最根本的问题还是小邹的性格，他内向、心思缜密且内省较多，应对方式倾向于逃避型。

民警首先对其进行积极引导，同时在心理上进行个案咨询，改善其目前的情绪易波动问题，希望他能够控制好自己的情绪。然后逐步通过认知行为疗法（CBT）使其意识到自己在这些问题上存在的不合理信念，进而逐步改善情绪和行为，矫正其逃避问题的心理倾向，让他认识到婆媳关系是很多家庭都会遇到的常见问题，不是只出现在他家中。遇到问题一定要正面应对，婆媳矛盾是可以通过合理的方法有效解决的，并和他一起探讨了一些有效解决或者缓解婆媳矛盾的方法，鼓励他在亲情接见时勇敢表达。

然后，民警和他家人通了电话，民警告诉他家人，对于一个物质依赖患者来说，成功戒掉毒瘾有三大要素：40%的个人努力、30%的专业医疗帮助和30%的家庭支持。所以，行内有句忠告是"一人吸毒，全家戒毒"，这一方面是说家庭成员的支持对于戒毒者来说具有举足轻重的作用；另一方面，心理学家始终相信一个人出现物质依赖的现象，其家庭必然有不可推卸的责任，希望他的家人能够和睦相处，让他在戒毒所安心戒毒。

经过民警对他进行的一段时间的心理疏导和教育，小邹焦虑抑郁的情绪得以消除。而且，在几次亲情会见中，小邹都能够主动客观地去调解婆媳关系并收到了很好的效果。

经过这些事情以后，小邹终于醒悟，他向民警表示自己之前选择逃避问题是错误的，问题终究是要正面解决的，以后绝对不会再像之前一样愚蠢地逃避问题，在困难面前会勇敢地面对。从此以后，小邹在戒毒所表现得很积极，康复训练和学习生活都很用心，各项教育考核也都比较优秀，还主动帮助其他学员，为其他新入队学员讲解大队规章制度，开导一些因环境陌生而适应不良的学员。因为表现优异，最后被批准减少戒毒期限 4 个月。

回馈社会　点燃新的希望

2012 年 10 月 31 日，小邹被提前释放。解戒的那天，大队领导多次叮嘱他："以后一定要记住，千万不能复吸了，要敢于面对困难，要扛起肩上的责任，要撑起一个家，为社会做点力所能及的贡献。"

办完手续走出大院，小邹发现家人就在门口等待着，妻子一见到他马上抱着他哭了起来。男儿有泪不轻弹，他也流下了眼泪——下定决心的泪水、开始人生新篇章的泪水。

看着一家人远去的背影，蓝天上仿佛也映射了两个字——祝福，希望小邹能够牢记在戒毒所的日子，开始新的生活。

在接下来的日子里，民警通过 QQ、电话得知：小邹现在有了一份稳定的工作，虽然比较辛苦，但是很充实，特别是晚上一家人团聚，很幸福。通过他自己的努力，现在生活越来越好，家人越来越和睦。

从定期到派出所

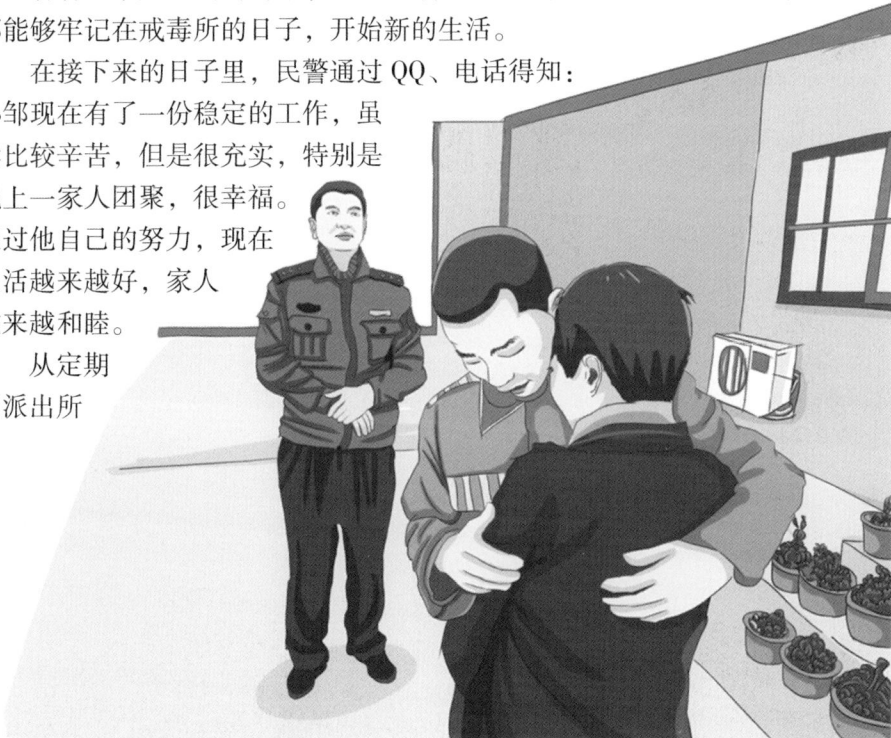

验尿得知，小邹未复吸，他自己也下定决心远离毒品，多次拒绝了毒友的邀请，并主动劝说他们要远离毒品！通过街道社工的帮助，他还成为街道的义工，主动关心身边需要帮助的人，经常去参加一些禁毒宣传活动，劝解曾经的毒友，让他们主动走进戒毒所和其他戒毒机构一起去戒毒，为社会带去正能量，做出自己应有的贡献。小邹点亮了自己的人生，让我们为他的成功戒毒点个赞！

【采写手记】

小邹性格内向，面对问题总是选择逃避，因为家庭冲突便选择复吸就是一个写照。因此，让小邹的心理健康成长起来才是治本。他人的排斥和贴标签让他越来越不相信自己。我们要让小邹明白，世界上最了解自己的人就是自己。禁毒和戒毒工作都不可能毕其功于一役。坚定戒毒拒毒的信念，只有像溪水一样，不管遇到什么阻碍，都勇往直前，才能最终流入大海。

（采写人：司恒瑞）

每个月一次的亲情电话是大部分学员都期待的事情，但是对于潇潇来说并非如此……后来在民警的开导下，潇潇逐渐打开心结，终于在 2015 年 9 月拨通了家里的第一个电话。当她从妹妹口中得知母亲已因病去世，最后的遗言是让父亲来接她出所时，潇潇痛哭了一个晚上……

美丽的蜕变

潇潇（化名）曾是一朵美丽的花，但毒魔令这朵花饱受摧残，过早地凋零。今天，成功戒毒又让她的人生重新吐出了花蕊，喜获新生。

1995 年初中毕业的潇潇断断续续地打了一些工，后来干脆在家中待业。1999 年开始接触毒品。2014 年 5 月 25 日起，因吸毒被强制隔离戒毒两年。

潇潇在家排行最小，自幼受父母和兄姐溺爱，缺乏教育及管束。曾经历过一段失败的婚姻，因丈夫吸毒，自己也深受其害。为获取毒资，在前夫的诱惑下从事色情行业，后因家庭暴力等原因离异。恢复单身后，依然沉溺毒品不能自拔，继续当坐台小姐，与多名异性发生关系，通过出卖身体以及其他娱乐活动筹集毒资。

作茧自缚

潇潇学习能力和表现欲较强，性格耿直，但脾气暴躁，不喜约束，情绪波动大，做事容易走极端。初入戒毒所期间，经常因工种和配货等问题与其他戒毒人员、厂家指导工发生争执，多次违反习艺车间的劳动纪律，影响恶劣，但冲动过后往往又后悔不已。

所内心理咨询师对其进行的心理健康症状自评量表（SCL－90）测试结

果显示：总分168分，测试结果呈阳性，心理状态处于异常水平。测试结果表明其自制力较差，易冲动，喜欢钻牛角尖，需要进行适当的心理辅导，改变其错误认知，学习自我调节和控制，以便与他人和睦相处。

金石为开

根据潇潇的表现，民警对其进行矫治教育，多次与其谈话，了解其心理状况及具体情况。潇潇性格内向，起初对所里的教育矫治表示抗拒，不愿沟通反映自己的状况。后来在大队领导及专管民警的耐心开导下，她终于慢慢地主动说出了自己的状况。为了更好地对其进行矫治教育，大队安排包干民警，跟踪潇潇思想动态，及时帮助其解开心结，排除心理障碍。同时，挑选出两名有耐心、性格较温和的戒毒人员对其进行管控，在生活上关心照顾，使其感受到集体的温暖，以及人与人之间的关心和照顾，潜移默化地转变其破罐子破摔的不端正思想，使其在思想上积极主动起来。最后，为了让其认识到在戒毒期间遵守纪律的重要性，民警加强了纪律方面的教育，帮助其分析各项规章制度的制定依据以及指出集体生活需要面对的各种问题。同时为她提供部分心理及法律书籍，通过学习促进她自我意识的完善，帮助她清楚地认识到吸毒是一种害人害己乃至危害社会的违法行为，也正是这种行为让家人对其生厌，甚至不信任。

此外，为了帮助潇潇重新正确认识自我，学会管理不良情绪，民警从多方面入手：首先，为了让其树立良好的形象，大队领导在调查她和原先室友不和的情况之后，安排她到新的房间，教她学会控制情绪、换位思考，希望她能够在新的环境中创造好的人际关系。其次，为了帮助其分散注意力，提高自控能力，民警经常鼓励并创造机会

让其参加文娱活动，加强体能训练，学习与他人相处并换位思考，使其形成正确的人际交往模式和习惯，学会控制和管理情绪。最后，为了改变其娇生惯养、任性蛮横的性格，民警加强其对传统文化"孝悌仁义"的学习，使其心性得以改变，在敬畏道德规律的同时心存仁爱。

亲情感召

每个月一次的亲情电话是大部分学员都期待的事情，但是对于潇潇来说并非如此。入所几个月都不见她与家人联系，问其原因，她说家中搬迁不记得电话了。后来在民警的开导下，潇潇逐渐打开心结，终于在 2015 年 9 月拨通了家里的第一个电话。当她从妹妹口中得知母亲已因病去世，最后的遗言是让父亲来接她出所时，潇潇痛哭了一个晚上。她对自己以前的行为深深地忏悔，后悔很少与亲人联系，后悔从前没有体会到父母对她的爱，后悔自己不顾及家人走上吸毒的道路，后悔自己以前所犯的种种错误。

那段时间，民警经常找潇潇谈话，开导她在所内好好戒毒，出去之后好好孝敬父亲。经历过失亲痛苦的潇潇，对亲情有了更深刻的认识。她开始每月跟家人打电话问平安，关心父亲的身体。同时，民警也多次与其父亲电话沟通，了解到她性格养成的原因以及痛苦不堪的经历之后，建议其父亲来所看望，鼓励她放下过去，重新做人，并告诉她家庭是她永远的港湾，家里人都在等她戒毒成功后回家。

潇潇得知家人没有放弃，一直在等她回家后，戒毒的信念变得更强了。

美丽蝶变

经过戒毒所、家庭帮教等多方面的矫治，潇潇情绪明显有了好转，人也变得开朗起来，开始积极参加大队广场舞和啦啦操特色活动。

民警发现她具有较高的舞蹈天赋，而且对舞蹈很是热衷，为了帮助其更好地树立自信心，民警对其积极学习锻炼的态度和舞蹈能力给予了肯定和表扬。

渐渐地，她在体能训练中开始积极主动学习，并在一个月内熟练地掌握了所里教的十几个广场舞和啦啦操，从中获得了很大的成就感。

回归社会

在离开戒毒所三个月后，潇潇给大队打了第一个电话。在电话中，我们得知她没有复吸，与父亲生活在一起，并且兄弟姐妹也在父亲的劝导下慢慢地重新接纳她。潇潇非常感谢民警对她的教育和帮助，说在戒毒所的两年是她人生的一个转折点，让她认识到了毒品的危害，重新认识了自己，体会到了家庭的重要性。她说每隔一段时间都会向民警报告她的动态。

又过了几个月，她有了新的工作，在家附近开了一个烧烤档，虽然辛苦，但是在用自己的努力挣钱养家。同时，潇潇还加入了义工行列，用她的实际行动帮助他人，回报社会。回归社会后，潇潇学到了很多东西和技能，生活也更加充实了。她说很喜欢现在有工作、有家人陪伴的生活，不用再通过出卖身体来获利，不用再为筹措毒资辗转难眠，不用再因毒品的折磨而日夜颠倒，不用再因鸣笛的警车而担惊受怕，生活虽平淡但很真实。

【采写手记】

潇潇在家中排行最小，集家庭宠爱于一身。长大后，别人如果对她稍有不好，她的情绪起伏就会很大。在前夫吸毒的影响下，她也学会了吸毒。失败的事情一件接一件，产生了很大的负强化。潇潇由此觉得自己很失败，自暴自弃。后来戒毒所给她安排的舞蹈学习，增强了她的自我效能感，对戒毒也有信心了。

对于像潇潇这样的戒毒人员，首先，要充分了解其基本情况，有针对性地解决问题、对症下药。她的主要症结在于自身情绪不稳定、易冲动、易激惹。针对这些情况，大队领导及民警及时给予其心理咨询及矫治，缓解其思想上的紧张情绪。其次，在生产生活上给予其适当的照顾，使其感受到人与人之间的关心和集体的温暖。最后，帮助其修复与家人的关系，让她体会到家庭的温暖，从而积极主动地去戒除毒瘾，融入家庭生活。通过戒毒所、家庭、社会的帮教，潇潇成功戒除了毒瘾，重获自由，回归社会。

（采写人：胡　勇）

圆梦篇

毒难戒，毒能戒，有梦就有未来

袁荣亲教授简介：

精神科医生、心理咨询师、婚姻家庭咨询师。广东晴朗天心理服务机构创始人，兼任中国药物滥用防治协会专家组成员，广东省戒毒管理局戒毒咨询专家顾问，广东戒毒学会常务理事，广东省心理咨询、婚姻家庭咨询专业委员会副主任委员等职务。跟随美、德心理治疗师学习心理治疗多年，有丰富的心理治疗实践经验。近十多年关注成瘾行为的心理治疗，提出认知、关系、自尊、动机、能力的整合治疗理念，并提出戒毒场所心理矫治工作体系的建构。

戒毒是一个艰难的过程，很多吸毒者之所以不能摆脱毒品，原因不外乎对毒品的危害认识不足，与亲人的关系恶劣，对自己的未来不抱希望，导致戒毒动机不强，或者对高危情景的应对能力不足。最关键的就是各种因素导致吸毒者自暴自弃，缺乏戒毒动机。

本篇中 8 位圆梦者的故事，证明了毒品是可以戒的。他们的共同特征是通过自身努力和民警的帮助，将吸毒行为与自身分离开，重新发现自己的能力和价值，接纳自己，提高自尊，重构家庭关系，获得家人的理解和支持，从而激发戒毒动机，对未来重新抱有希望，坚信自己可以无毒生活，直面过去，并将过去的吸毒经历转变成一种力量用于禁毒戒毒的志愿服务中，成为一个成功的圆梦者。他们不仅获得爱，还传播爱，更有成为行业成功者的戒毒人员成功挑战了很多常人都不敢尝试的创举。

　　他们之所以成功就是因为"希望就像黑暗中的灯塔给你指明方向"。正如歌词所写的那样，"就是那梦想给予力量　让我变得更坚强，眼中的光芒充满希望　是对未来的渴望，有时候彷徨　有时候迷茫　有时候也会沮丧，梦的力量　将悲伤释放，……没有什么能将我阻挡　有你有爱有方向，哪怕会受伤　哪怕有风浪　穿越过就是阳光，梦的翅膀带我去翱翔"。

在禁毒志愿者团队中，阿军渐渐找到了自己的角色，成为虎门禁毒志愿者的骨干成员之一，活跃在各项禁毒宣传活动中，逐渐扩大了自己的社会交往圈，戒毒信心不断增强。阿军也是虎门禁毒志愿者书信小组成员之一，他过去是书信小组的服务对象（在强制隔离戒毒时），现在是以志愿者的身份为戒毒人员写信，角色的转变给阿军带来了动力支持。

所地合作育新人

再次见到邓碧军（化名），他已经变胖了，神情愉快，面带笑容。"恭喜你啊，戒毒成功了。""莫干事，你又笑我了，我知道一朝吸毒终身戒毒，我时刻记得民警的教诲，一定会戒掉毒瘾，坚持到底。""还是恭喜你，希望你继续努力。"

说话间我们一起进了屋，在客厅中间，首先映入眼帘的是一张禁毒社工志愿者虎门分队颁发的优秀志愿者奖状，还有阿军自信的笑容，举着"坚持到底"纸牌的照片。"阿军，看来你帮助了好多

人啊，而且家人都引以为荣。""是啊，以前大家都看不起我，现在都对我刮目相看了。莫干事你先坐，你看我这屋，不要说电视电脑这些了，当年真是连把凳子都没有啊，家徒四壁都不足以形容。"说起往事，阿军稍微停顿了一下，"那些年就像噩梦一样，幸好有醒来的一天……"

"薄薄锡纸烧得倾家荡产，
小小针管打得家破人亡，
是毒品毁了我……"

阿军初中没有毕业就出来打工了，虽然没有什么文化，但是头脑还算灵活，也能找到一些短工做，生活还是很有希望的。后来因为交友不慎，他的人生轨迹彻底改变了。

1995年的一个夜晚，在一个朋友的推荐和好奇心的驱使下，阿军抱着一种试一试的心情，第一次接触了白粉。第一次尝试的滋味并不好受，完全没有上瘾的概念，于是有了第二次、第三次……想不到片刻的愉悦，却带来了终生的悔恨。吸毒需要一大笔钱，刚开始阿军只是骗他父亲说，朋友过生日或者进厂要押金来筹集毒资，后来又以合伙做生意为由向亲戚借钱，但借来的钱都被他化为袅袅青烟了。随着毒瘾的加深，他常常毫无顾虑地在家中吸毒。

看着这些，父母亲痛心疾首。1999年，母亲亲自报警把阿军送进了戒毒所。6个月后他出所，母亲又到处求人，帮他找到了一份工作，在亲戚家的模具厂打工，并认识了前妻，两人很快结婚并有了可爱的儿子。可就在家庭事业都慢慢变好的时候，以前的毒友又找到了他，阿军在这时候又犯了一个错误，他认为"小小一口不会再上瘾的，再吸最后一次就一定戒掉"。然而，他在毒海的漩涡里再次越滑越远，越陷越深。

在那几年，为筹毒资，阿军变卖了可以变卖的一切，人格、尊严、廉耻早已丧失殆尽，人性和良知一点点被毒魔吞噬。父母整天长吁短叹，妻子整日以泪洗面，亲友们避之唯恐不及。2005年，阿军又一次被抓去强制隔离戒毒。

两年后阿军出所，看见家中一无所有，"毒瘾是戒不掉的"，"吸过毒，人生没希望，只能等死"，毒友的话不停在他脑海里盘旋。他心灰意冷，开始自暴自弃。妻子苦苦劝诫他戒毒，他不听，还多次强行向妻子要钱。2008年，妻子最终不得不忍痛离开了他。支离破碎的家也曾触动过阿军麻木的神经，但当毒瘾发作时，他一次又一次屈服，一步又一步沉沦，最终身心疲惫，如同行尸走肉。

"希望，很重要，就像黑暗中的灯塔……是戒毒所民警给了我希望。"

2011年，阿军第三次被强制隔离戒毒。民警从毒害认知、意念强化、行为训练、情景模拟等方面对他进行教育矫治，带他走出毒海漩涡。通过一系列教育，阿军认识到毒品的危害，懂得了调适心情的方法、技巧，开始纠正自己的一些不良的行为习惯。为了自食其力和融入社会，阿军还参加了所里组织的电工职业技术培训，增强社会适应能力。

针对阿军戒毒信心不足和意志力不强的特点，民警和心理咨询师为他量身定做了教育矫治方案，即以重树信心为主线，强化意志培养，注重"心理康复、亲情修复、技能培训"。针对他多次戒毒失败的沮丧、颓废心理和自控力差的表现，心理咨询师多次对他进行戒毒心理辅导和心理危机干预，教给他自我调适的方法，鼓励他积极戒毒。

在民警的关心和帮助下，阿军麻木的心慢慢苏醒了，逐渐树立了戒毒的目标和信心。民警告诫他"你不要觉得自己很失败，自甘堕落，对于吸毒的人来说能把毒瘾戒断就是非常成功的。这不仅仅是对你个人，对整个社会都是非常有价值的，哪怕是以天来算，远离毒品一天就是成功一天……"

接下来一年多的时间里，阿军牢记教诲，一步一个脚印，磨炼自己的意志，在心底告诫自己："一定要用实际行动来报答帮助我的民警和亲人，以积极和阳光的心态对待戒毒。"因各方面表现突出，阿军于2012年底提前解戒出所，回到了久违的家中。

"戒毒所、社区等单位以及家人、禁毒社工的支持坚定了我戒毒的决心和信心。"

回到家中，阿军的父母没有责骂、放弃他，而是语重心长地说："我们年纪越来越大了，照顾不了你们多久了，以后你儿子就只能靠你自己了。"看着七十多岁的老父亲还要开着摩托车拉客赚钱；已经读小学的儿子不肯叫他一声爸爸；空空如也，只有一块木板用于睡觉的破败之家，阿军跪倒在双亲面前："爸、妈，这次我真的会戒毒，我会坚持下去的。"

阿军暗下决心，给自己设定了一个底线——"远离毒友、远离毒圈、远离毒地"。昔日毒友找到他，要给他接风洗尘，他一概婉言谢绝："毒品害惨了我，我决定从此不再吸毒，劝你们也不要再吸毒了！"毒友多次邀请，他都拒绝了，久而久之，毒友便不再纠缠他了。工作之余，有朋友邀请他去娱乐场所放松一下。他说："大排档喝个啤酒可以，娱乐场所就免了，免受诱惑。"

阿军走向了另外一个极端，出所后的半年时间里他一直不出家门，不参加正常的社交活动。家人及时将这个情况反映给了戒毒所和社区，戒毒所民警及时电话回访和鼓励他，社区也组织禁毒社工及时跟进谈话。禁毒社工通过与阿军面谈了解到：阿军很想过回正常的生活，但非常害怕社会上歧视的眼光，也怕家人担心他受不住外界的诱惑。

禁毒社工通过定期家访，疏导阿军的思想，帮助他树立信心，为他排解忧虑，协助他修复与儿子的关系，还协助阿军与社区签订了社区戒毒、社区康复协议，定期接受社区的尿检和谈话。此后不久，禁毒社工又帮阿军找到了一份保安工作。同时，鼓励他利用晚上的时间用"摩的"搭客，为老父亲分忧。从此，阿军迈出了踏进社会的第一步。

经过定期接触，禁毒社工发觉阿军表现越来越好，当问他是否想成为虎门禁毒志愿者，协助开展各类禁毒宣传教育活动时，阿军非常痛快地一口答应了。

在禁毒志愿者团队中，阿军渐渐找到了自己的角色，成为虎门禁毒志愿者的骨干成员之一，活跃在各项禁毒宣传活动中，逐渐扩大了自己的社会交往圈，戒毒信心不断增强。阿军也是虎门禁毒志愿者书信小组成员之一，他过去是书信小组的服务对象（在强制隔离戒毒时），现在是以志愿者的身份为戒毒人员写信，角色的转变给阿军带来了动力支持。

阿军多次以"过来人"的身份到学校、戒毒所等地方，向青少年学生、戒毒人员、社区居民现身说法。阿军坦言：以"过来人"的身份讲述自己的戒毒历程，不但能总结自己的戒毒经验，增强自己的戒毒信心，还能更加直观地向社会宣传吸毒的危害，倡导社会对戒毒人员公平对待，关心和接纳他们。

到目前为止，阿军在禁毒社工、志愿者、社区戒毒（康复）小组的帮助下，戒毒操守良好，各方面表现出色。阿军已走出了以前吸毒的阴影，敢于接受自己的过去，能勇敢面对社

会大众了。而阿军的彻底改变也帮他重新找回了自己的家庭角色，得到了家人的认同和信任。

因为工作踏实、努力，阿军的收入不断增加，成为家庭经济收入的支柱，一家人慢慢走出困境。社区干部信任阿军，把他安排到了城管岗位上，由他担负收取市场摊位费的重任。阿军的表现得到了上司、同事的信任和好评。

【采写手记】

能否成功戒毒，戒毒者的个人决心、意志力很关键。这一次，阿军吸取了前几次戒毒失败的教训，树立了终身戒毒的理念。虽然已解戒近6年，但他还是时刻提醒自己远离毒品。出所后，各方面力量的无缝对接帮教也是阿军能够保持戒毒操守的关键。首先是家人的不放弃；其次是戒毒所、社区、亲属的联合帮教，为他营造了充满关怀和尊重的环境；最后是禁毒社工、志愿者对阿军的后续照管和帮助。戒毒人员是毒品的受害者，更需要关心和帮助。有了禁毒社工、志愿者的关心和帮助，阿军的戒毒决心和意志力持续增强。阿军还投身志愿者活动，对他而言，这既是助人也是自助，也正因此，阿军的操守才得以坚持到底。

（采写人：莫文祥）

民警知道杨汉当过兵，又有文艺特长，就让他当了文艺队队长，没想到在强戒所里，他还能重新拾起童年的梦想。杨汉倍加珍惜这来之不易的机会，在民警的指导下刻苦训练，先后拿到了各种文艺演出的最佳节目奖、最感人奖、一等奖等奖项，赢得了荣誉。在文艺队，杨汉的价值得到了体现，心灵得到了升华。

重塑自我　找回遗失的梦

望子成龙的期盼

杨汉，2007 年开始吸食冰毒，每次吸毒后都会出现幻听、幻觉，内心充满恐惧和痛苦……

小时候，杨汉就对轻音乐、戏曲、军歌等有着浓厚的兴趣，经常咿咿呀呀地学唱。

父母也极为支持杨汉的兴趣爱好，满 12 岁后，杨汉对戏曲更是痴迷，梦想成为一名出色的戏曲表演艺术家。

初中毕业后，杨汉没有上高中，为了让他更好地在艺术的道路上发展，父亲四处找人让杨汉进入汕头市戏曲学校学习。当父母带着激动、自豪的心情送他去学校时，他却看到了母亲的眼中闪着泪光。后来才知道，学校录取他是要收取 5 000 元赞助费的。在当时，这笔钱是杨汉全家半年的收入。

临别时，母亲嘱咐："儿啊！一定要好好学习，要争气。"杨汉带着父母的期望挥手告别了他们。

成长的步伐

时光飞逝，两年的学校生涯结束。1997 年，杨汉毕业回到家中，四处找工作无果。父母为他张罗了一门亲事，婚后杨汉有了一个女儿。在父母和妻子的提议下，19 岁的杨汉穿上了橄榄绿，踌躇满志地踏入军营，成了武警总队某支队的一名武警战士。

一方水土养一方人，杨汉有着典型的海陆丰（汕尾市）人的个性，倔强好胜，有冲劲。杨汉想做一名出类拔萃的士兵，他信奉拿破仑那句"不想当将军的士兵就不是好士兵"。他想成为一名将军，成为一名人人羡慕的军官，这种愿望无时无刻不在激励着他。

到部队后不久，在一次文艺会演中，杨汉上台表演了一段戏曲，文工团团长一眼就看中了他，之后他就调到了文工团。在老师严格的教导下，训练的强度逐步加大，杨汉的演艺水平也日益进步。正当一切都朝着美好的方向发展之际，家里突然传来噩耗，妻子去世了。杨汉抱头痛哭，想起同妻子往日的恩爱，非常悲伤，低落了好长一段时间，杨汉疯狂地投入训练，想借此忘掉那些刻骨铭心的痛！

人生的坎坷经历

终于熬到了退伍。回到家，杨汉抱着女儿，看着妻子的遗物，回首过往的点点滴滴，心里的痛楚达到极点。人非草木，孰能无情？他无法从丧妻的痛苦中走出来。父母亲看在眼里痛在心里，母亲抚摸着他的头发，语重心长地说："儿啊，你要振作起来，人生的道路还长啊！"

父母怕他触景生情走极端，决定再一次送他上戏曲学校。在学校的三年，杨汉慢慢从悲伤中走了出来。毕业后，他凭着对戏曲的痴狂，自己创办了一个剧团。剧团招募了一些和杨汉一样热爱戏曲的成员，在团队成员的共同努力下，剧团不久就在当地小有名气了。

光阴似箭，转眼 4 年过去。由于经营不善，团里入不敷出。此时杨汉认识了现在的妻子，由于感受过失去前妻的痛楚，他加倍珍惜现在拥有的爱情。为了爱情，杨汉暂时搁置了梦想，转让了剧团，和妻子回到老家，开了家摩托车行。

车行在杨汉的精心打理下生意越来越好，由于车行收入稳定，手头有了一点闲钱，杨汉的"三观"也随之发生了质的变化。原来的生活方式，渐渐不能满足他日益膨胀的野心和欲望，他开始花天酒地，彻夜不归。

2007年底的某天，杨汉在KTV喝多了，跑到洗手间吐了几次。一名发小过来问他要不要醒一下酒，然后便拿出一个矿泉水瓶，插上几根吸管，再拿出一个烟斗挂在上边，在烟斗里面放了点冰块。打火机在烟斗上一点，一丝白烟随即升起。杨汉一脸茫然地看着他，他说吸一下就清醒了，跟抽烟一样。杨汉当时昏昏沉沉，便拿起管子吸了几口，瞬间醉意全无，精神不少。再吸几口后，感觉自己特别想说话，想找人聊天，而且语言表达能力非常强。

此后，杨汉就像变了一个人，终日沉迷在"毒海"里，毫不吝啬地挥霍着青春与金钱。从此，他的人生就变成了灰色。多年的积蓄化成了毒资，后来杨汉卖掉了车行，卖掉了房子，能卖掉的都卖掉了。到最后没有钱吸毒，他就骗父母，骗朋友，这里借一点，那里骗一点，醉生梦死地在"毒海"里游荡。吸毒产生的幻觉，让杨汉整天疯疯癫癫，父母和妻子却在痛苦中煎熬着，迫不得已，父亲报警把他送到了戒毒所戒毒。

重塑形象与信心

刚进所的时候，杨汉非常恨父亲，怪父亲太狠心，俗话说"虎毒不食子"，为什么父亲要叫公安来抓他？当时的杨汉对父亲满是不解，甚至充满了敌意。

民警专门找他谈话，民警说："既来之，则安之。面对两年的强戒生活，你想太多也没有用，外面发生再大的事情，现在的你也无能为力。目前你应该考虑的是

摆正心态，安心戒治，只有真正戒掉毒瘾，才是你当下唯一应该想的！人生就是在不断遇到困难，不断克服困难，不断跨越低谷，实现一次次蜕变后，才真正走向成功的。"当时的杨汉全然不觉得这是关心，只认为是民警冠冕堂皇的过场话。

得知杨汉非常记恨父母，民警又多次找他谈话。经过民警的层层分析、耐心的开导与教育，杨汉如梦初醒，往事一点一滴涌上心头。父母不易啊，世间哪有父亲不爱自己的孩子？可以想象父亲在选择报警时，内心有多么痛苦无奈。回首走过的路，回想父母亲对自己毫无保留的付出，而自己却憎恨他们，不说尽孝，就连最起码的尊敬都被自己腐化在了"毒海"中……

民警知道杨汉当过兵，又有文艺特长，就让他当了文艺队队长，没想到在强戒所里，他还能重新拾起童年的梦想。杨汉倍加珍惜这来之不易的机会，在民警的指导下刻苦训练，先后拿到了各种文艺演出的最佳节目奖、最感人奖、一等奖等奖项，赢得了荣誉。在文艺队，杨汉的价值得到了体现，心灵得到了升华。

记得2014年国庆文艺会演，由于临场发挥失误，只获得了第五名。当时的杨汉很难受，觉得自己对不起民警们的信任。可民警们却安慰他说："不就是一场文艺会演吗？人生就如同演戏，失败并不可怕，可怕的是失去了重新站起来的勇气。我们相信你一定能够重新站起来！"

在那里，杨汉学会了冷静，学会了感恩。2015年解戒后，杨汉怀着愧疚的心情回到了家，见到了他的亲人们。让他更加无地自容的是，亲人对他的关心丝毫没有减退，反而更加鼓励他、关心他，并希望他从哪里跌倒就从哪里爬起来。

找回遗失的梦想

出所后，没有一分钱积蓄的杨汉在妻子的帮助下，买了一辆三轮车在路边摆地摊，妻子没有半点怨言地陪他早出晚归。虽挣钱不多，但亦可度日，这样的生活磨炼着杨汉的身心、锤炼了杨汉的意志。

一分耕耘，一分收获。有了一些积蓄后，在父亲的帮助下，杨汉在海丰县城租了一个店面，开了一间小型超市。在空闲的时候，他会练练嗓子，跑跑场子，挣点外快，贴补家用。2016年，一次偶然的机会，杨汉在跑场子时遇上了汕尾市戏曲剧团的张团长。张团长认为杨汉有一定的戏剧表演基础，有天赋，就提议让他随团到各地参与演出。

在张团长的带领下，在以后一年多的时间里，杨汉跟着剧团跑遍了汕头、香港、澳门等地，参与粤剧戏曲演出五十多场次。每次演出完，杨汉都会通过微信将情况告知戒毒所的范大队长，给他录制一些视频，每次他都会像家人一样鼓励杨汉。这些演出给杨汉的人生带来了极大的转折，由于表现出色，杨汉被评为省三级演员，得到了团长的表扬以及全团的认可。

2016年底，在市领导的推荐下，杨汉获得了去北京戏曲学校深造的机会。在北京的导师近三个月的培训下，杨汉的事业进入上升期。他先是随导师到鸟巢演出，回到学校后导师又告诉他，海丰白字剧戏曲表演形式已经通过国家非物质文化遗产的审核。最让人开心的是，在全团50多人中，杨汉有幸被该项目选定为传承人，同时被评为"国家三级演员"，目前拥有戏迷5万多人……2017年2月，经过层层选拔后，杨汉进入中国戏剧家协会。

现在，杨汉已不惧怕自己灰色的过去，因为他认识到了毒品的危害，掌握了拒绝毒品的方法，他希望有更多跟自己一样吸过毒的人能够成功戒毒。风雨过后终见彩虹，杨汉会好好珍惜现在拥有的一切，积极调整和保持良好的心态。远离毒品，就一定能够追回那遗失的梦。

（采写人：范旗辉　王潮辉）

这次是王玲"二进宫"了，她比第一次明显沧桑了很多，脸上失去了灿烂的笑容，愁云满布。多年以来，王玲在戒毒—复吸的循环反复中苦苦挣扎，其中的痛楚和挫败也许只有经历过的人才能明白。

拨开云雾　便见晴天

从吸毒到戒毒成功，王玲（化名）历时 12 年。终于走出毒品魔窟的王玲说："戒毒使我从地狱回到人间，重新体会到了做一个正常人的幸福与快乐。"

养尊处优　染上毒品毒雾萦绕

王玲，在家排行老四，家庭条件十分优越。她凭着本地人的征地分红，加上在车行做出纳的收入，20 岁就过上了有房有车的逍遥生活。这既让她感觉颇有成就感，也让她放纵了内心对纸醉金迷、夜夜笙歌式的生活的追逐，经常流连于 KTV、夜店等地。

2003 年，王玲没有按捺住好奇心，第一次尝试了摇头丸、K 粉。当时，她认为这些不算毒品，只是一些刺激好玩的东西。2006 年的某一天，一个朋友拿出了一点白色粉末，让王玲试一下。王玲试了后，顿觉飘飘欲仙，此后便一发不可收拾，一开始是一个星期一次，后来是一两天就要吸一次。

王玲一开始还瞒着家人，瞒着公司，但随着毒瘾的加大，她开始连班也不去上了，脑子里想的只有毒品，一天不碰就像丢了魂似的。存款、车子、房子等都慢慢变成了毒资。家人即使把她锁在家里，在毒瘾的驱动下她也会千方百计地从窗户偷溜出去。

"一进宫" 不断复吸难逃毒网

吸毒期间，王玲被拘留了两次，但是出去后不久又复吸了。2009年，王玲又被强制隔离戒毒两年。她凭着聪明的头脑、灵活的手脚，学习、操练、劳动样样都行，很快便攒够了考核分，最后提前半年解戒。

刚出所的王玲信心满满，准备开始新的人生。家人为她找了一份文员的工作，日子回复了平静。一天，曾经的毒友打电话来说想到东莞找工作，讲义气的王玲让毒友住在自己的出租房里，没多久，王玲就发现毒友把毒品带回出租房吸。一开始，王玲还能把持住，看着毒友在自己面前吸也不为所动，更劝毒友不要再吸了。直到有一天，王玲和男友吵架了，心情不好，回到家发现毒友正在吸毒，她心想吸一次没事的，便又吸了一口。有了第一次，便有第二次、第三次……王玲从此一发不可收拾，再次陷入毒品的魔窟。2013年，王玲再次因吸毒被公安抓获，被送强制隔离戒毒两年。

"二进宫" 痛定思痛洗心革面

这次是王玲"二进宫"了，她比第一次明显沧桑了很多，脸上失去了灿烂的笑容，愁云满布。多年以来，王玲在戒毒—复吸的循环反复中苦苦挣扎，其中的痛楚和挫败也许只有经历过的人才能明白。

入所后的王玲性格孤僻，沉默少言，学习不认真、不积极，在民警面前冷漠以对。有一天，民警发现王玲深夜不睡觉在宿舍来回走动，细心询问，才知道王玲经常半夜腿抽筋，民警认为王玲有些缺钙的症状，于是拿出自己的牛奶送给王玲喝，第二天还带她去医院就诊，批准她减少体能训练量。

一段时间以后，王玲半夜腿抽筋的情况有所好转，她开始信任民警，民警通过对她的个别谈话教育，了解到因为王玲复吸，她的母亲被气得高血压发作，父亲更气愤地说"没这个女儿了"。她被抓的头几个月，家人都没有来看过她，自己也没脸打电话回去，很担心从此以后家人真的不管她了。

民警分析道：她父亲当时很可能是一时气坏了才说这样的话，只要她真心改过，家人一定会重新接纳她的，还鼓励王玲主动写信或打电话给家人认错。王玲写了几封信都没有收到回信，后来，她终于鼓足勇气拨通了家里的电话，向家人道歉，与家人的关系终于缓和。

王玲心里的大石头放下了，她认为，没有什么比家人更重要，她不想等到"子欲养而亲不待"的时候再后悔，在得到家人的再次接纳和鼓励后，王玲下定决心戒掉毒瘾。

有了坚强的后盾，王玲开始积极主动地参加教育矫治。她认真学习毒害认知、法律常识等，提高法制观念；她参加队列、戒毒操等体能训练，增强身体素质。因为戒毒操和太极扇舞跳得好，王玲被选为带操员，自信心提升了，戒毒信念也更加坚定了。

在康复训练期时，王玲参加了课堂教育，内容有《三字经》《弟子规》等。这些内容通过树立正确的人生观、价值观，帮助她回到正常的人生轨道上，并辅之以习艺劳动，培养正确的劳动观念，改变好逸恶劳的观念。吸取上一次复吸的教训，民警为她安排了防复吸练习、多次高危情景的模拟练习和心理情景剧表演，提高了她的拒毒能力。

在一次心理情景剧表演中，王玲出演主角，该角色在各种高危情景下，都能勇敢地对毒品、毒友说"不"，王玲把自己演绎的这些拒毒技巧深深地烙在心里，时刻提醒自己提高警惕。此外，王玲还参加静心冥想、心理团体辅导和出所前的心理调适活动，提高了心理健康水平。

此后，王玲因为表现良好被选为班组长，认真履职并发挥带头作用，自觉接受教育矫治，主动参加帮教活动，因表现突出被评为"戒毒之星"，于2015年提前解戒出所。

戒毒归来　康复所里见晴天

出所后，王玲回家探望了父母，看着父母花白的头发和脸上的皱纹，王玲的心一紧，鼻子发酸：是她让年迈的父母操碎了心。她发誓要好好戒毒，好好孝敬他们。

王玲总结经验，要想彻底戒断毒品，首先要远离毒友和吸毒环境。于是，在家人的支持下，她来到了康复所进行自愿戒毒康复，凭着自己的努力和辛勤劳作，王玲被选为车间仓管员，月收入 4 000 元左右。

到康复所半年多，王玲认识了康复人员阿华，两人相识、相爱，并互相监督鼓励，于 2016 年初喜结连理，过上了幸福的生活。康复所社区化的环境、外松内紧的管理模式、灵活多样的教育形式，使王玲远离了曾经的毒友，远离了吸毒的圈子，掌握了一技之长，有了足够的信心回归社会。

康复协议期满后，王玲夫妻到乐平的空调厂上班，每个月有 5 000 多元的收入，工作虽然辛苦，但过得很开心，很踏实。除了经营自己的小家，每月还能分别给双方父母寄去 1 000 多元，逢年过节就回家探望父母，陪父母聊聊天，尽孝道。

回访过程中，回访人员问工玲是什么信念鼓励着她能保持操守，王玲说："首先，家人的接纳很重要。父母年纪越来越大，自己也要懂事了，不能再让他们操心了。其次，有一个互相扶持的人很重要。我很幸运能碰到阿华，我们有相同的经历，有共同努力的方向，两个人可以互相监督鼓励。最后，生活圈子很重要。上一次就是因为毒友的影响导致自己再走旧路的。这一次很慎重，只要知道对方还在吸毒，都一概不联系，看到可疑的人也都远离。"

问起现在的生活，王玲脸上不时地露出喜悦的笑容，她说现在的生活很好，虽然平淡但很真实，最重要的是自由，累并快乐着！虽然辛苦，有时候还要倒班，但和相爱的人一起努力，通过自己的双手经营自己的生活，一起孝敬父母，一起抚养继子，就是一种很踏实的生活。她的脸上有种说不出的轻松与快意，阳光透过树枝细碎地洒在四周，与她那耀眼的金发交相辉映，春意无限。

【采写手记】

通过个案分析，我们总结出以下三条经验：一是关注戒毒人员的情绪根源，如个案中的王玲重视亲情，我们可以此为切入点来鼓励、教育戒毒人员，通过亲情感恩教育引导他们重建与亲人的关系，从而增强亲情帮戒效果。二是挖掘戒毒人员身上的闪光点使其有成就感，如王玲擅长跳太极扇舞和戒毒操，让她担任带操员，从而提高其自信心和成就感。三是加强心理健康教育，修复戒毒人员因为吸毒导致的心理问题，提高心理健康水平；通过情景模拟、心理情景剧等拒毒能力的练习来提高戒毒人员的拒毒能力，更好地抵制毒品及毒友的诱惑。

（采写人：朱银芳）

铁窗下，冰冷的床板，昏暗的灯光，斑驳的地板，目之所及尽是冷漠、孤独、绝望。角落里，缩着一个小小的身体，青春的脸上早已泪流满面，"我该怎么办？该怎么办……"她嘴里不停地念着。

涅槃重生

她叫莫莉（化名），1991年出生在广东一个偏远的小县城，从小父母都忙着赚钱，很少有时间管她。她经常同一帮社会上的小混混混在一起，成绩一塌糊涂，结果初中没读完就辍学了。没有了家长、老师的管束，莫莉变得肆无忌惮，她开始学着喝酒抽烟。

误入歧途

19岁的她个子高挑，皮肤白皙，模样俊俏，很受男孩子的欢迎，经常有人请她吃饭、唱卡拉OK，莫莉觉得这才是五光十色、丰富多彩的生活，她要好好享受。

2009年，在一个朋友的生日聚会上，朋友请她试了点"新玩意儿"，一种白色的粉末。吃了没多久，她整个人开始兴奋得不得了，不停地跳、蹦，直到累得趴下。后来，莫莉知道白色粉末是毒品，吃了会上瘾，她不想再去碰。可是朋友一叫她，她又控制不了自己，抬脚就走。

一次又一次，莫莉的量越来越大，毒瘾上来时，她发疯一样到处找钱、骗钱。她不敢回家，不敢让父母看到自己精神萎靡、面黄肌瘦的样子。

渐渐地，吸食已经不能满足她了，她开始尝试注射，觉得更兴奋、更过瘾。有几次注射针头用完了，她借用毒友的针头注射，未曾想到，这竟然是她人生噩梦的开始。

堕入深渊

2009 年，莫莉因为吸毒被公安机关抓获，送至广东省某戒毒所实行强制隔离戒毒。入所体检后，她被送往特管大队，民警告诉莫莉，她很可能因为共用针管吸毒而感染上了艾滋病。

听到"艾滋病"这三个字，莫莉吓得一屁股跌坐在地上，半天都回不过来神。她知道艾滋病意味着什么。19 岁的青春年华就要直面死亡，她恐惧极了，觉得自己好无助，精神开始崩溃。

铁窗下，冰冷的床板，昏暗的灯光，斑驳的地板，目之所及尽是冷漠、孤独、绝望。角落里，缩着一个小小的身体，青春的脸上早已泪流满面，"我该怎么办？该怎么办……"她嘴里不停地念着。

此后，莫莉不跟任何人交流，她封闭自己，时常低着头，一言不发。白天，做每一件事情都提不起兴趣；深夜，她躲在宿舍的角落里哭泣。她悔，她恨，她更怕死亡，她不知道该怎么办？人生的路仿佛已经走到了尽头，就连亲情会面，她也拒绝了。莫莉觉得自己已经没有脸面见任何人了！

贵人相助

民警看到莫莉几近崩溃的状态，非常担心，怕她一时想不开做傻事，便安排活泼开朗的戒毒人员蔡某与她联帮，并

主动约心理咨询师帮她做心理测试，开展心理危机干预。为了帮她排除心理障碍，戒毒所专门成立了矫治小组，对莫莉开展个别矫治教育。

爱与温暖融化了她冰封的心。民警在对莫莉的情况进行全面的分析后发现：因为年幼无知，文化程度低，她的人生价值观还未形成，可以重塑。莫莉的性格较为羞涩内向，缺乏正确的宣泄渠道。针对这些，民警经常找她谈心，帮助她正确认识现实。懂得感恩，学会珍惜，从积极方面引导莫莉看到生活中的美好，使她清楚地认识到：得了艾滋病是不幸的，但她才19岁，应该戒毒，要坚强地活着，活着才有希望，艾滋病人照样可以结婚，可以生小孩，美好的生活一样会有的！民警还经常讲述艾滋病人成功戒毒、成功回归社会的真实案例，激励莫莉向他们看齐，告诉她只要肯努力，她的生活一样精彩。

爱与温暖慰藉了她孤独的灵魂。看到莫莉身无分文，民警为她发放了杯子、牙刷、洗衣粉、纸巾等日常生活用品；发现莫莉贫血，民警经常自费给她购买牛奶、葡萄糖。莫莉感受到了温暖，她发现，在这条戒毒路上，还有那么多的人都在关心她、帮助她！她开始转变"破罐子破摔"的思想，做事积极主动。后来，大队民警又费尽心思联系到她的父母，耐心地给他们做思想工作，让父母接纳一个决心戒毒的女儿，不久后，父母开始每月给她寄生活费，关心她的日常生活。

爱与温暖帮她克服了畏难情绪。民警发现莫莉在劳动生产时，经常不知道从何下手，于是不时指导她，帮她找劳动技巧，学劳动方法，提高技能，还鼓励她多参加岗位培训和职业技能培训，掌握一技之长。对莫莉的点滴进步，民警都给予肯定和表扬，莫莉开始变得自信，做事不再畏首畏尾，常常是有活抢着干，从不偷懒。

成效显著

在民警的教育感化下，两年的戒毒生活取得了明显的效果，出所评估的时候，莫莉的身体、心理等各方面都有了很大的改善和提高。

CD4指数（身体抵抗力的指标）是艾滋病戒毒人员身体健康最重要的指标，莫莉入所时这个指数仅为263。经过一年的戒治，升到420，临近出所时达到了580。刚入所时她体重仅42公斤，面黄肌瘦。出所时体重56公斤，面色红润，身体素质同正常人一样。

莫莉的自信心增强了，心态调整得非常好。她不再想着毒品，不再想着艾滋病，不去想死亡，她只想过好当下的生活，把每一天都过得精彩无比。民警确信她对环境的适应性增强了，应对压力及耐受挫折的意志力有了明显的提高，能够正确看待困难与挫折，处理问题的能力也提高了。

通过参加戒毒所的毒害认知、法制教育等活动，莫莉发现自己以前对毒品的危害性以及法律常识一无所知，甚至并不认为吸毒是一种违法行为，也不知道共用针头是传染艾滋病的重要途径。通过学习，莫莉开始认识到自己吸毒行为的违法性，毒品对自身、对家庭、对社会的种种危害性。她悔不当初，认为自己不该辍学，不该荒唐度日，更不该埋怨父母，她要改变，她要坚强，她要好好地活着。

喜当妈妈

2011 年，莫莉提前两个月被解戒，父母来接她回家，看着他们额头上的皱纹，她抱住母亲大哭起来，她对自己说："我要坚强，要好好活着，不能再让父母操心。"

半年后，莫莉经人介绍结识了与她有着相似生活经历、患病背景的梁某，或许是上天眷顾她这个可怜人，梁某对她非常好，不介意她有艾滋病，莫莉真正感受到了爱情的甜蜜，她义无反顾地嫁给了他。

在毫无准备的情况下，莫莉发现自己怀孕了，艾滋病心结最初难住了她和丈夫。此时，丈夫的大哥伸出了援手，他是乡间赤脚医生，鼓励莫莉夫妻不要轻言放弃，勇敢向命运抗争，用科学方法对抗艾滋病。强戒所的民警打电话鼓励她遵从医生的建议。于是，莫莉去广西某县的妇幼保健院就医。经过一系列化验检查，医生告知莫莉，她可以留下孩子，但必须进行母婴阻隔药物治疗，过程将非常艰辛。莫莉惊喜万分，原来艾滋病人真的可以怀孕生子。她决定：治疗过程再痛再累再苦，她也一定要生下这个孩子。

作为艾滋病患者，莫莉本身体质偏差，还贫血，加上药物反应，怀孕期间她常常狂呕不止，滴米难进，只得打营养针，而且时常感冒发烧。这种煎熬整整持续了五个月，莫莉凭借着要当妈妈的坚毅信念，对抗种种苦难和偶尔会窜出来的毒瘾。

2012 年，女儿来到了莫莉身边，她终于做妈妈啦！可喜的是，女儿经过三次 HIV 筛查，结果都显示正常，她和丈夫心里的石头终于落地了。看着丈夫抱着女儿亲了又亲，莫莉幸福地笑了。

把爱与温暖延续

有了第一次的经验，莫莉又顺利生下了第二个女儿，实现了她原本想都不敢想的做妈妈的梦。为了感激家人一路的支持鼓励，莫莉夫妇决定把二女儿过继给大伯抚养，让大伯也实现了做父亲的愿望。这种成就自己与成全他人的善良大爱，成为当地村民交口称赞的美谈。

每天，莫莉和丈夫都在充实地忙碌着，夫妻齐心抚养女儿们长大。她说："从来没有想过自己是一个艾滋病人。"

莫莉还经常回戒毒所参加帮教座谈会。在座谈会上，莫莉十分平静地讲述了自己是如何将不可能化为可能，又是如何做到勇敢地对毒品说"不"的。她用自己的事例去感化其他戒毒人员，让她们明白毒品所带来的快感是虚假的，患有艾滋病也一样能拥有幸福的人生。她的真实案例激发了许多戒毒人员对未来的幸福向往。

【采写手记】

对于艾滋病戒毒人员，进行教育矫治主要应从以下四个方面着手：一是把握他们的思想脉搏，找准心症症结，对症下药。二是善于发现他们身上的闪光点，引导他们重拾信心，培养生存技能，勇敢地正视艾滋病。三是毒害认知教育要入心，既要使他们懂毒害，又要让他们坚强做人，培养积极的价值观，乐观生活。四是积极引入亲情帮教，戒毒成功从来没有孤立完成的个案，亲情永远是戒毒人员内心最柔软的地方，莫莉从母亲的眼泪、父母的苍老中感受到责任与力量，坚定了远离毒品的信念。她自己成为母亲后，更是凭借母爱的力量坚定抵御毒品。

（采写人：邓玉星　黄　畅　李晓琴）

婚后冼朗、周欢搬进了属于他们的爱巢——康复所提供的全新的两室一厅夫妻房，二人从此有了自己的家。在民警的关心帮助下，夫妻俩经过磨合，生活上相亲相爱，小日子过得有滋有味。

康复所内的夫妻

我必须是你近旁的一株木棉，作为树的形象和你站在一起。根，紧握在地下；叶，相触在云里。每一阵风过，我们都互相致意，但没有人听懂我们的言语。

——舒婷《致橡树》

冼朗（化名），男，初中文化。1993 年开始吸食海洛因，接受强制隔离戒毒 4 次。2008 年 7 月到广东省某康复所进行戒毒康复训练。周欢（化名），女，初中文化。2003 年开始吸食海洛因，接受强制隔离戒毒 2 次。2008 年 9 月到广东省某康复所进行戒毒康复训练。

两人于 2010 年登记结婚，2013 年儿子降生，2014 年两人期满离所。冼朗从事海鲜配送工作，周欢在家照顾孩子，一家三口其乐融融，夫妻二人出所至今未碰过毒品。

在 2010 年度的戒毒康复员工总结表彰大会上，冼朗、周欢夫妻双双站在了年度"优秀员工"的领奖台上。作为康复所集体婚礼后的又一对新人，他们心存感激、彼此相爱，戒毒康复的决心更加坚定，手中的奖状便是最好的证明！

缘定康复　携手度过波动期

2008年7月，刚解戒的冼朗迫于家人的压力到康复所接受戒毒康复训练。入所时，他思想极不稳定，认为康复所是另一个戒毒所，换汤不换药，总是找理由企图说服家人同意其离所。

针对这种情况，民警分析原因，认为这是冼朗不信任民警，对戒毒康复工作模式一知半解造成的。找到症结后，所里安排了一名湛江籍民警作为他的辅导员，用乡音和他拉家常，慢慢与他拉近距离。在取得信任之后，民警给他详细介绍了戒毒康复模式产生的背景、原理和作用，让他从内心慢慢接纳、认可戒毒康复。经过努力，冼朗暂时打消了离所的念头。

2008年10月，冼朗在一个朋友的饭局上偶然认识了女康复人员周欢。在聊天中，他得知周欢由于入所时间短，还不能完全适应。与自己刚入所时想法类似，正处于决定去留的彷徨期。于是，他将自己在民警那里了解到的戒毒康复工作解释给周欢听，让她留下来试一试。内向、自卑的周欢也在民警的教育引导下慢慢变得开朗，开始转变自己的戒毒康复态度。

在所里，冼朗、周欢经常在训练活动、劳动和就餐时碰面，随着见面次数的增多，两人的交流也越来越多，工余时间还经常一起聊天、散步。他们发现彼此有着相似的经历、共同的目标，在对方身上似乎能看到自己的影子——都是在朋友引诱下吸了第一口毒品，都有过反复戒毒的经历，都因吸毒被恋人抛弃，都对戒除毒瘾有迫切愿望、对未来美好生活充满憧憬，两颗年轻的心慢慢靠拢。

看到他们平稳度过了入所波动期，民警趁热打铁，有意安排他们一起参加所里举办的文体活动，让他们在活动中互相了解，增进感情，让爱情成为他们携手戒毒康复的动力。冼朗和周欢也约定要彼此监督，坚持戒毒康复，不辜负民警的期望，争取以良好的表现再次赢得各自家人的信任与接纳。

风雨同舟　喜结连理筑爱巢

在交往过程中，细心的冼朗发现周欢很少提到她的家庭和亲人，并且经常是心事重重的样子。通过了解才知道，周欢与家人关系并不好，尤其是与父亲、继母之间的关系非常紧张。冼朗用自己的经历开导她，鼓励她在所内安心康复，相信只要彻底戒除毒瘾，让家人看到她的转变，就一定会重新接纳她。

在冼朗的鼓励下，周欢有了信心。民警也多次与周欢的父亲和继母沟通协调，反映周欢在所的表现，希望家属配合做好周欢的思想稳定工作。一段时间后，她与家人的关系逐渐缓和，家人开始重新信任、接纳她，不仅弟弟妹妹会来所看望她，父亲也时常主动打电话过问她的情况。就这样两人在戒毒康复的路上互帮互助，相知相惜，心与心的距离更近了。

有了爱情的动力，加上民警的悉心引导，冼朗和周欢的戒毒康复表现日渐突出。半年后，工作细心的冼朗被破格提拔为仓库管理员，而周欢也被安排到宿舍院区担任卫生员。

就在他们认为时机成熟，向双方家长坦白了恋情、公布了婚讯的时候，却遭到双方家长的极力反对，特别是周欢的父亲，甚至想叫周欢离所来结束这段感情。他们觉得家里有一个吸毒的已经很可怕了，如今还要再多一个，实在无法接受。

民警了解了情况后，主动与双方家长联系，告知他们两人在戒毒康复中的实际表现，告诉他们两人是真心相爱的，并决心互相鼓励、互相监督，彻底戒断毒瘾，重新做人。在民警的不懈努力下，他们的恋情逐渐被双方家人认可，征得家人的同意后，两人于 2010 年登记结婚。

婚后冼朗、周欢搬进了属于他们的爱巢——康复所提供的全新的两室一厅夫妻房，二人从此有了自己的家。在民警的关心帮助下，夫妻俩经过磨合，生活上相亲相爱，小日子过得有滋有味。

2012 年底，爱情的种子悄悄发芽——周欢怀孕了。冼朗知道这个消息后高兴得手舞足蹈，像个孩子一样到处奔走相告，他知道没有康复所就没有自己这个家，他要和关心帮助过自己的民警、康复人员一起分享喜讯！

随着儿子的降临，这个小家庭增添了许多欢声笑语，但家庭开支也骤增，

每个月光买奶粉的钱就近 1 000 元，小孩还不时因为身体不舒服要去看病，这让夫妻俩感到从未有过的经济压力。2014 年 2 月，戒毒康复协议期满的冼朗、周欢夫妇选择离所，赚钱养家。

离所就业　紧密照管防复吸

冼朗、周欢离所就业后，民警并没有放弃对他们的跟踪照管。相反，民警认为离所初期是最考验他们的时期，毕竟在所里有民警关心帮助，有稳定的工作岗位和舒适的生活环境，而离开康复所，一切只能靠夫妇俩自己打拼解决。

情况也正如民警所料。夫妇俩刚步入社会，按照他们自己的说法就像傻子一样，处处碰壁。没有一技之长，找到的工作工资不高且劳动时间特别长。后来找到一家稍微满意一点的企业，又因主管知道他们戒毒人员的身份后被找理由辞退。为了省房租，一家三口挤在城中村一间狭小阴暗的出租屋里面，遇上暴雨天气，房间里的衣柜家具等全部泡在水里，环境脏乱差，儿子因为卫生问题经常生病，夫妇俩被生活摧残得焦头烂额。

那段时间冼朗、周欢都曾有过消极的想法。在这关键时刻，康复所民警通过电话回访了解到他们的困难处境，一方面要求他们继续坚定戒毒信念，为了儿子和这个来之不易的小家，克服暂时的困难和消极心理，想办法解决问题。另一方面积极与双方家属沟通，请他们帮助夫妇俩渡过暂时的难关。因冼朗、周欢在珠海就业，离岳父母家较近，民警建议他们先到岳父母家暂住，把儿子的病治好，并建议周欢发动珠海的亲戚朋友为冼朗找工作，解决经济紧张问题。

经过努力，周欢的表姐为冼朗介绍了一份运送海鲜的工作，虽然劳动强度大、工作时间长，但是收入稳定。一家人的生活渐渐安定了下来。2017 年"6·26"前夕，康复所民警对冼朗、周欢夫妇进行回访，当谈到初入社会的艰难时，冼朗动情地说："当时如果没有康复所民警及时的鼓励和帮助，我和老婆很有可能已经走回老路了，感谢康复所民警再次挽救了我们！"

起早摸黑　只为撑起一个家

为了不给岳父母家增添负担，渡过难关的夫妇俩没有选择继续住在娘家，而是在靠近口岸的居民区租了个小单间。每天清晨六点，天还蒙蒙亮，冼朗就要起床送海鲜了，而在正常情况下，要到晚上八九点才能回到家，要是碰上加班，还要工作到凌晨时分。他说每当拖着疲惫的身子回到家里，看到牙牙学语的孩子和妻子准备的热饭热菜，会觉得自己再苦再累都是值得的！

然而，天有不测风云，一场意外又打破了夫妇俩平静的生活。2014年8月的一天，因为经验不足，冼朗负责配送的海鲜在运输途中全部缺氧死亡，造成不小的经济损失。事后，老板虽然没有解雇他，但要他赔偿部分损失，这让本来不宽裕的家庭更加雪上加霜！

康复所民警在冼朗的微信朋友圈了解到情况后，鼓励冼朗正视问题、积极应对，把逆境作为回归社会必须经历的一种磨炼。经过耐心引导，冼朗重新树立起了信心，工作上他更加埋头苦干，业务上虚心求教，不断总结经验，以"零差错"再次赢得了老板的信任。

"2016年5月23日，今天是个好日子，带上老婆儿子去看电影。"当天是冼朗44岁生日，他在微信朋友圈发了这条消息，配图是《美国队长3》的电影票。离开康复所两年多，虽然平时工作很忙，但冼朗总会抽出时间陪老婆出门浪漫一下。他知道，两口子自2010年结婚以来，一路上并不容易！现在儿子已经四岁，幼儿园每月的保育费最便宜也要1 200多元，自己和老婆肩上的担子更重了。

"不经历风雨，怎么见彩虹，没有人能随随便便成功！"冼朗经常哼唱的这句歌词，就是他现实生活的真实写照。经过3年的打拼，诚实守信的冼朗在海鲜配送圈子里已经小有名气！老板放心地将整个配送生意交给他打理，薪水也涨了一倍多。现在，冼朗考了驾照，每天穿梭于各个星级酒店之间，娴熟地进行着生意往来。早已修复好关系的岳父母

也经常煲好汤送到家里，一家人其乐融融。

离开康复所后，冼朗、周欢没有再吸过一口毒品。每次和康复所民警通电话，他们的第一句话就是感谢康复所给了他们改过自新的机会，康复所不仅让他们找到了爱人，成了家，有了下一代，而且让他们重新找回了做人的自信！现在，如果他们自己不说，身旁的同事朋友没有人会想到他们曾经是有着十几二十年吸毒史的"白粉仔""白粉妹"。冼朗说自己一定要争气，尽力为妻儿撑起一个安稳的家，在戒毒路上与妻子一起携手坚定地走下去！

【采写手记】

作为离所就业后，在所外保持操守超过 3 年的戒毒康复夫妻，冼朗、周欢之所以能成功戒毒，除了爱情的力量和他们自身的努力外，更重要的是康复所为他们搭建了一个洗心革面、涅槃重生的平台！在康复所，他们找到了感情归宿，在民警的引导帮助下他们相知相惜、共同进步，最终得到了家人的理解与支持，成家生子，重拾自信！夫妇俩离所就业后，康复所民警紧密跟踪，一次次在关键时刻为他们出谋划策、加油打气，在悬崖边把他们拉了回来。当然，家属的理解和支持也非常重要。冼朗、周欢夫妇成功戒毒离不开他们本人、康复所和家属的密切配合，三个环节缺一不可。希望其他戒毒人员能从冼朗、周欢夫妇成功戒毒的经历中得到启示，重获新生。

（采写人：周俊辉）

未来的路，我们夫妇会互相扶持和监督，患难与共，携手前行，不让爱我们的亲人和民警失望。

情定康福苑　守护无毒家

阿松（化名），男，1989年开始吸毒，曾被强制隔离戒毒7次。2008年3月经朋友介绍到广东省某康复所进行戒毒康复训练。阿惠（化名），女，1986年开始吸毒，曾被强制隔离戒毒4次。2008年8月到广东省某康复所进行戒毒康复训练。两人于2009年3月登记结婚，2010年4月协议期满离所，就业成功，夫妻二人至今未碰过毒品。

"我们曾如此期盼外界的认可，到最后才知道，世界是自己的，与他人毫无关系。我们曾如此渴望命运的波澜，到最后才发现，人生最曼妙的风景是内心的淡定与从容。"这是杨绛先生的人生感悟，也是曾经在康复所戒毒康复2年、已经回归社会8年、连续保持戒毒操守10年的阿松、阿惠夫妇的生活写照。

家庭作坊圆了我们的工作梦

2017年5月19日是一个风和日丽的日子。在广东某地的一栋三层房子里，阿松、阿惠夫妇正在自己家的一楼加工汽车灯的电子元器件。这层楼被夫妻俩改造成了家庭作坊，里面的设施一应俱全，原材料堆放得整整齐齐，两个人正全身心投入到枯燥而又充实的工作中。

"当时我们考虑过进附近的车灯厂做工，但一想到厂里有本地人知道我们吸过毒，免不了会用异样的眼光看我们，会有一些无聊的议论，还不如在家里做米料加工，说不定以后还可以自己接单。"
家庭作坊所在社区的环境很安静，
夫妻俩一起认真地做着手工活，
一旁的手机播放着动听的音乐，
给工作增添了一丝情趣。

　　"原材料是从亲戚开
的厂里领回来的，我们
夫妻做手工活，多劳多
得，每个月足不出户就
可以赚到 6 000 多元，
还有低保 1 000 多元，
足够我们的家庭生活
开支了。"斯斯文文
的阿松指着堆满了
"战利品"的成品车间说道。

　　在作坊的墙壁上张贴着"保持正念，和繁重的工作一起修行"的书法作
品。"这是阿惠自己写的，也是我们最喜欢的一句话，用它来激励我们努力工
作，用它来克服生活的枯燥和乏味。"无论刮风还是下雨，只要有货做，阿松
和阿惠夫妇总是在自己的作坊里辛勤劳动，一个月只给自己放三四天假。"我
们每天都会工作十多个小时，这样不仅可以打发时间，避免无聊而胡思乱想，
还可以赚到更多的钱，多攒一点，等老了就不怕没钱花了。"阿惠微笑着说。

戒毒康复圆了我们的家庭梦

　　时间回到 2008 年，阿松和阿惠从戒毒所解戒后先后来到了康复所。同样
从事绿化维护和环境保洁工作的他们在工作中相识，两个人因为相似的吸毒
史和戒毒经历成了无话不谈的"工友"，他们在这个特殊的社区里一起上班、
下班、聊天、散步，从相识相知到相恋相爱，从素昧平生的陌生人成了夫妻，
并住上了康复所提供的两室一厅的廉租房。

　　"我 1986 年吸毒，老公 1989 年吸毒，两个人吸了戒、戒了吸，最美好的
年华都浪费掉了。幸好 2008 年来到了康复所，我们有了携手抗拒毒品、共度
风雨的开始。"阿惠回忆道。

　　"我们永远记得 2009 年 6 月 18 日，这是我们的大喜日子。康复所为我们

3 对新人举办了集体婚礼，我 80 多岁的老母亲不顾身体抱恙，拄着拐杖颤颤巍巍地来参加了我们的婚礼，那一刻我是世界上最幸福的人。如果没有康复所的收留和教育，没有民警们的谆谆教诲，就不可能有现在幸福生活着的我们。"此时此刻的阿惠，充盈着劫后余生的幸福，眼眶里的泪滴儿欲落下。

"我不是一个孝顺的女儿，屡戒屡吸，母亲伤透了心，当时完全没有想到民警会把我母亲请过来，也没想到母亲还会愿意过来参加我这个不孝女的婚礼，我这辈子都不会忘记康复所和民警们对我的好。"阿惠激动不已。

在两年的戒毒康复中，阿松和阿惠夫妇俩一起工作，一起参加康复训练，一起到敬老院做义工帮助孤寡老人，过着充实而愉快的生活。每个月他们可以挣到 4 000 多元，还有社区的康复补贴几百元。

"我们说好了省吃俭用，想着以后回家把空房子重新收拾一下，节假日回家还会带上手信。我们还说好每次回所尿检都要过关，不能再让家人为我们担惊受怕，不然我们就是罪人。"阿松说。

在一千多个日日夜夜里，阿松和阿惠夫妇在康复所这个"戒除毒瘾的新天地、康复身心的安全岛、回归社会的中途站"安静平和地生活着。"两年的康复生活让我们的身体和心理变得正常，更重要的是组建了一个幸福的家庭，下半辈子不用孤苦无依了。民警对我们说，我们不可能一直待在康复所这个'模拟社会'里，不经历风雨就见不到彩虹，鼓励我们申请社会适应训练，接受社会的检阅和挑战。"

2010 年 4 月，阿松和阿惠夫妇勇敢地迈出了回归社会的第一步。"民警每个星期都会打电话了解我们的情况，给我们鼓劲打气，还亲自到社区康复指

导站给我们协调安排低保和就业，就像亲人一样，让我们不会感到无依无靠，步履蹒跚。"阿惠感动地说道。

我们的未来不是遥不可及的梦

这栋楼房的二楼是阿松、阿惠回归社会后生活起居的地方，客厅布置得很温馨，粉色窗帘作装饰，沙发茶几、电视冰箱和茶具摆放得整整齐齐，房子收拾得干干净净，小书柜里摆了许多书。

"以前吸毒把身体搞垮了，身上不是这个毛病就是那个毛病。从康复所回到社会8年了，只要天气好，我都会坚持做康复训练。每天晨跑3公里，打打太极拳，做做广播体操。"阿松的喜悦之情溢于言表。"我跟他不一样，平常喜欢安静，在康复所养成了读书的习惯。现在完成工作后，我都会躺在沙发上看书，想放松的时候就看《家庭》《花卉种植》等杂志，最喜欢看的是《杨绛文集》《盗墓笔记》等。"阿惠捧着厚厚的一沓书放在茶几上。

"在康复所的最大收获就是养成了锻炼身体、学习读书和参加劳动的好习惯，这是我们守护无毒家庭的'法宝'。"阿松如是说。

"前几年母亲病故，当时我几乎崩溃了，心里非常难受，真想吸一口，阿松就把我锁在房间里让我看书，让我从悲伤中走了出来。书里那句'自己若不勇敢面对厄运，没人能够替你承担伤悲'让我清醒过来，一旦重走旧路，不仅会伤害自己和丈夫，更会让九泉之下的母亲不得安息。"读书和思考让阿惠逐渐变得理性和坚强。

"经历了几十年的风风雨雨，现在的我们只想安安静静地度过下半辈子，有空就会一起去吃早茶、逛公园，约亲朋好友聚餐，社会关系和家庭关系变得融洽平和，享受平平淡淡才是真的生活；未来的路，我们夫妇会互相扶持和监督，患难与共，携手前行，不让爱我们的亲人和民警失望。"阿惠憧憬着未来的生活。

"康复所让我们拥有了一颗平常心，学会了感恩，懂得了知足常乐、安详平和才是最大的幸福。"阿松和阿惠夫妇告诫戒毒和康复人员："戒毒最重要的是消除心结，不因过去吸毒而自甘堕落，不因明天尚不确定而彷徨无措，因为人生道路不可能一帆风顺，肯定会遇到这样那样的挫折和困难，只要坚持净化自己的思想和交际圈，做到对毒品死心、对自己和社会有信心，不断增强自我抗压和抵御毒品的能力，积极融入和适应社会，就一定能保持戒毒操守，拥有属于自己的崭新生活。"

在《杨绛文集》的扉页上，阿惠写道："杨绛先生是一个认真地年轻，优雅地老去的风华女子。因为吸毒复吸毒，我们没有认真年轻过，幸好接受了戒毒康复，我们希望能够优雅地老去——阿惠、阿松。"

【采写手记】

通过回访解戒人员阿松、阿惠夫妇，我们看到这对夫妇为了彻底戒毒、告别沉痛的过往而选择的都市"隐居"生活方式；听到这对夫妇对毒品的控诉，对成功戒毒康复的肺腑之言、感恩之泣；感受到这对夫妇对美好生活的向往、憧憬和价值观念的正确归位；体会到专业戒毒场所和地方社区戒毒康复机构联合策动开展戒毒康复工作的重要性和积极意义；认识到巩固提高解戒人员的戒毒操守需要戒毒场所、地方政府相关单位以及社会力量的共同参与、齐心协力，需要在联动戒毒、合作康复、携手帮扶、全程照管方面加强无缝对接、深度合作，为在所的、回归社会的戒毒康复人员提供更加系统化、链条化、接茬化、优质化的戒毒干预和操守保持服务。

（采写人：丘安升）

2017 年 6 月，广州电视台新闻频道《城市话题》栏目特别播出了一期《走出"高墙"　路在脚下》的节目，其中采访了一名勇于抗争毒品的清丽女子。……正如每一位吸毒人员一样，吴骁桃的吸毒史也是不堪回首的，她从 17 岁到 27 岁，5 次出入自愿戒毒所，3 次被送强制戒毒，直到 2007 年解戒出所。

十年操守不是梦

戒毒是世界公认的难题，戒毒成功更非一日之功。细数每一则成功的戒毒个案，背后都有艰难曲折的故事。

2017 年 6 月，广州电视台新闻频道《城市话题》栏目特别播出了一期《走出"高墙"　路在脚下》的节目，其中采访了一名勇于抗争毒品的清丽女子。她就是从广州市某戒毒所戒毒成功，并保持操守 11 年的吴骁桃（化名）。正如每一位吸毒人员一样，吴骁桃的吸毒史也是不堪回首的，她从 17 岁到 27 岁，5 次出入自愿戒毒所，3 次被送强制戒毒，直到 2007 年解戒出所。

从 11 年来跟踪回访的资料反映，吴骁桃无数次抵制了毒品的诱惑，化解了多重生活的困难，过上了正常人的

生活。在不知情的人看来，吴骁桃今天的生活平淡无奇得几乎不值一提，唯有知情人了解，对涉毒人员来说，能过上正常人的生活，就是了不起的胜利！

一触毒品深似海

吴骁桃是家里的独生女，有着普通却温馨的家庭，小时候生活得无忧无虑。俗话说，天有不测风云，人有旦夕祸福。在她 8 岁的时候，母亲因职业的关系患上了鼻咽癌，而父亲也被卷入了下岗的浪潮，一个原本幸福的家庭蒙上了一层阴影。

父亲要照顾母亲，还有年迈的双亲，分身乏术，对女儿的关注再也无法像从前那般细致。种种因素悄然改变着吴骁桃，年少的烦恼无处排解，她开始讨厌回家，讨厌读书。在一次考试失利后，她走进了灯红酒绿的歌舞厅，结交了一些不务正业的青年，并走上了吸毒的道路。

毒品就是一个魔鬼，它有一双魔爪，一旦扼住了谁的咽喉，就会让他丧失理智、欲罢不能。每次毒瘾发作，她都疯狂得像变了一个人。她伤透了父母的心，花光了家里的钱，自己也伤痕累累，却仍然无法摆脱毒魔的桎梏，为此，她付出了沉重的代价。

戒毒所为她点亮新生的希望

每一例戒毒个案成效如何，谁都无法预料，但是民警们会把每一次都当作光荣而艰巨的挑战。在他们看来，一次成功的救赎，绝不仅仅是挽救一个人，而是一个家，更是一个群体。

由于伤透了父母的心，自 2004 年入所戒毒后，父母对吴骁桃就彻底放弃了，拒绝来所探视。也许是被毒品折磨得失去了生存的勇气，也许是因为愧对父母而觉得无颜生存于世，她变得异常颓废和消沉。

只要有百分之一的希望，就要付出百分之百的努力。民警们多管齐下、兵分三路做工作，一路民警多次找她促膝长谈，晓之以理动之以情，从心理矫治方面主动干预，帮她学会调节情绪、重新构建认知；一路民警通过禁毒教育、法律常识、国学经典等启发她的忏悔心和感恩心；一路民警做她父母的工作，及时把吴骁桃的动态通知他们。

无数次诚挚的登门拜访让吴骁桃的父母由开始的闭门谢客到最后主动询

问她最近的表现。"精诚所至，金石为开"，民警们的百般努力终于让吴家双亲同意再给吴骁桃一次回家的机会。

2006年9月的一天，在会见室里，吴骁桃见到了阔别两年多，年过半百的双亲。父亲一句"醒醒吧！不要浪费在这里的3年时间，多学点知识和技能，才是你唯一的出路！我们等你出来"让她失声痛哭。

在民警们的谆谆教诲和父母的关爱包容下，吴骁桃重新振作起来，无论是学习、劳动还是体能康复训练，她都非常努力，还参加了所里举办的裁缝师培训班，并获得了初级裁缝师证书。

在多方帮助下，她紧闭的心门慢慢打开了，学着主动关心别人，在付出中感受到快乐。她凭着良好的学习改造表现，得到其他戒毒人员的一致认可，被推选为民管会主任，带头做起了表率。在担任质检期间，认真协助民警做好货物发出和原材料的出入库登记等工作，出色的能力获得了厂方的认可和好评，年底她被评为"三好学员"，获得减期两个月的奖励。

吴骁桃于2007年2月提前解戒出所，因为其在所时的良好表现，在其解戒前，依照她本人的意愿，由所里推荐到某饰品厂工作。

有人把戒毒所比喻为新生园地，把民警比作特殊园丁，吴骁桃的进步就是园丁辛勤浇灌开出的花朵。

三年操守率——最难的关卡

戒毒出所头三年是决定成败的关键，街道禁毒办和戒毒所牢牢把握这个时机开展对吴骁桃的后续回访帮教，用电话、网络或是会面的方式，竭尽所能地帮助她，但成败的关键还在于当事人自己。

环境对一个人的影响至关重要，为了约束自己，她坚决远离原先的涉毒圈子。元大饰品厂对她来说不仅是一个重新就业的地方，也是重新做人的开始。这里没有旧日的毒友，也没有街坊邻居异样的眼光，一切都是新的，给人带来希望。

吴骁桃怀着一颗感恩的心，在业务上不断钻研，不怕苦不怕累，备受厂方负责人的赞扬和信赖。经厂方同意，她将男朋友也介绍到厂里来一起工作。2007年底，厂方为了鼓励吴骁桃的进步，特意给他们安排了一间夫妻房，供他们结婚用。经历风雨后的彩虹别样艳丽。

2008年农历大年初七那天，吴骁桃专程回所来探望一直关心她的民警们，并向民警们送上了新年糖果以表示感谢。

2010年世界禁毒日，身怀六甲的吴骁桃欣然应邀来所参加禁毒宣传活动，通过现身说法，劝诫所内戒毒人员。

2011年，喜添贵子的吴骁桃夫妇带着孩子来所答谢民警。可爱的孩子和爸爸妈妈幸福地依偎在一起，这动人的一幕感染了在场的许多人。

有梦想有行动就有希望

有位名人说过：每个普通人都有波澜壮阔的人生。在接下来的几年里，吴骁桃虽然过上了一个普通女子的正常生活，有家有爱有孩子有工作，但是命运的考验并没有停歇它的脚步。

2011年吴骁桃初尝为人母的喜悦，同时也遭遇了母亲的突然辞世，这对她的打击是巨大的。"子欲养而亲不待"，回想起自己在吸毒过程中给父母带来的伤害，吴骁桃追悔莫及。

为了在事业上打拼出一番成绩，筑牢经济基础，夫妻俩常驻厂里，不得不把孩子留在广州由父亲照料，亲子分离，倍受煎熬，唯有化思念为动力，才能报亲恩。

由于年轻时荒废了学业，吴骁桃的知识储备不够，文化底子薄。为了取得进步，她必须加倍努力，才能弥补缺失。

有时候，吴骁桃会投身公益，帮助禁毒工作者规劝一些"道友"早日远离毒品，也有人千方百计拉拢她，但都被她严词拒绝。她冷静地告诉笔者："人以群分，以前我有一大堆'朋友'，没一个好人；现在没几个朋友，但都是正人君子。"

　　脱离毒海后的默默坚守让吴骁桃一家已经适应了正常的生活，她常会在心里规划让人期待的后半生。不想，2016年正值中年的丈夫突然因病高位截瘫，这打击让人猝不及防，但是命运没有将她击垮。在这之后的很长一段时间里，她没空也没心情分享朋友圈。偶尔讲讲丈夫病情的变化，配上丈夫治疗的图片，寥寥几句，充满疲惫和温情，冷静中透露着感人的坚强。即便如此，2016年底，她仍以出色的工作业绩被厂里评为"优秀员工"。

　　厂里、街道上，以及家人尽力从各方面帮助她，还帮她申请了"轻松筹"，民警们也为她解囊相助。患难见真情，吴骁桃一开始总觉得连累别人过意不去，后来盛情难却，她接纳了元大饰品厂经理的劝说"现在不要想太多，把自己和家人照顾好了，就是对社会的回报"。

　　经过一年多的努力，吴骁桃的丈夫康复得很好，她也回到厂里上班了。日子纵然艰辛，但她始终持着乐观的精神，并自学了按摩手法。除了上班，她每天早晚坚持给丈夫做康复按摩，并将日常生活料理得井井有条。日子还长，她做好了打持久仗的心理准备。

　　目前戒毒所已经与海珠区龙腾街（化名）共建了社区戒毒（康复）工作指导站，吴骁桃恰巧属于共建辖区的户籍人员，关于她的后续帮教工作得到了更好的落实。

　　尽管，她离开戒毒所已经11年了，已不在民警跟踪回访工作的范围内，但是民警与她早已不再是管教与解戒人员的关系，大家更像是可以信赖的朋友，可以共享朋友圈，会通电话聊聊家长里短。

　　近期，吴骁桃正在全力以赴准备按摩师考试，她的生活即将翻开新的一页，孩子要入学了，丈夫也在她的悉心照顾下逐渐康复。

　　如今的吴骁桃依然清瘦秀气，但是内心温柔而坚强。为母则刚，她说儿子读书了，要尽心培养他，不能让儿子沾染任何恶习。

　　【采写手记】
　　显而易见，彻底戒毒绝不是一个人单枪匹马就能做到的，必须依靠家人、社会、自己持之以恒这三者的合力。戒毒人员远离涉毒环境、对他们倾注耐心和爱心都能够使我们的帮扶更为科学有效。禁毒匠人要做到主动作为、久久为功，要让戒毒人员坚信：唯有戒毒，才有幸福。

　　远离毒品、禁绝毒品是我们每一个公民应尽的义务和责任。在此，我们诚挚地祝福吴骁桃，希望她平平安安地走好人生路，于平凡中续写动人的故事，也希望她的故事能给还在"毒海"里沉浮的迷失者以启示。

（采写人：吕春林）

2014年，阿宏被送深圳某戒毒所戒毒，2015年10月提前解戒出所。回归社会后，历经挫折却不改戒毒决心，在禁毒社工的帮助下找到了一份稳定的工作，积极认真肯干，工作表现得到了领导、禁毒社工、亲朋好友的充分肯定。阿宏还经常接受民警和禁毒社工的邀请，回戒毒所现身说法，警示他人。

念亲恩戒除毒瘾　回社会重塑自我

毒海沉浮　妻离子散终毁己

　　阿宏（化名）的父母在他小时候就进城打工了，他一直跟着爷爷奶奶在乡下生活。作为膝下唯一的孙子，爷爷奶奶非常溺爱他，对他百依百顺，养成了阿宏不受管束、任意妄为的性格。看到邻居有人吸毒，他也有样学样，十多岁时就沾上了毒品。

　　随着年龄的增长，阿宏的毒瘾也越来越大，无法自拔。转眼到了谈婚论嫁的年龄，父母希望通过婚姻和家庭来约束他，经过亲朋介绍，阿宏很快结婚了。婚后，夫妻关系融洽，感情颇深。婚后一年，儿子出生，阿宏当了爸爸，生活开始有了寄托，他开始疏远毒品。

　　一天，多年前的毒友又找

上门来向阿宏介绍冰毒，并且声称这个对身体没危害，也不会上瘾。阿宏已多年未吸，但听说冰毒不会上瘾，他动心了，就尝试了一两次。结果，阿宏才摆脱了海洛因的魔窟，又陷进了冰毒的毒潭。妻子多次劝告无效，失去了信心，最后带着儿子离开了他。

为了帮他戒毒，阿宏的父母操碎了心，曾把他关起来，也曾送他去戒毒医院，然而都失败了。无奈之下，2012年底，母亲带着他去了深圳，希望离开以前的环境，帮助他戒断毒瘾。但阿宏来到深圳以后还是不思悔改，到处寻找新的毒品来源。2014年，他再次被送深圳某戒毒所戒毒。

民警教导　树戒毒决心

刚入所时，阿宏心里充满了怨恨，他恨妻子离开他，他恨母亲把他"骗"来深圳，害得他进了戒毒所。

针对阿宏的不良心态，民警多次对他进行教导，让他试着从妻子、母亲的角度去思考问题。妻子作为一个女人，在丈夫缺位的情况下抚养小孩已经不易，况且这个丈夫不仅缺位，还反复吸毒。如果不离开他，妻子会更加难以坚持下去。作为一个男人，如果他还爱着妻子的话，就应该痛下决心，戒除毒瘾，重新获得妻子的谅解。至于母亲的决定，完全是为了帮他戒毒，让他能重获新生，他不应该责怪母亲。

民警的谆谆教诲化解了阿宏心头的结，他主动打电话给母亲，跟她讲述在戒毒所里受到的教育和训练。母亲很开心："儿啊，你在戒毒所，我放心。这里有民警看管，起码知道你在这里，我还能睡个安稳觉。如果你出来了又吸毒的话，我会天天睡不好，天天担心你，担心你因吸毒而送了性命。"

阿宏开始积极参加戒毒所里的各项活动。他积极参加职业培训和各类教育课程，练习太极拳、广播操和广场舞，日积月累，阿宏原来瘦弱的身体慢慢强健起来。

在谈话中，民警还发现阿宏性格较为内向，不愿意打开心扉，交往能力较差，这对他出所后寻求帮助是不利的。于是，所里请来了心理咨询师对他进行心理辅导。心理咨询师通过艾森克个性问卷测试发现：阿宏的人格特质为黏液质，表现为性格偏内向，注意力容易集中，稳定性强，灵活性不强，对他人防备心理较重。心理咨询师通过认知疗法，为阿宏找到了他原来的错误认知，转变了不合理观念，让他知道要自己打开心扉，信任他人才会换来他人的信任，慢慢地，阿宏的性格开朗起来了。

父母有一次过来探访，看到他的精神和身体都变好了，欣慰地说："这里就像一个学校，你要在这里好好戒毒，好好改造，我们相信你一定会变好的。"

禁毒社工帮教　从无缝接轨到社区康复

2013年起，深圳某戒毒所启动了"无缝接轨"方案，每月都会邀请深圳各街道的禁毒社工来所开展帮教，对象就是临近出所的戒毒人员。

通过无缝接轨方案，临出所戒毒人员一方面可以提前得到禁毒社工的帮助，了解当地的戒毒方针政策，学习拒毒防毒技巧；另一方面禁毒社工也可以提前介入，掌握戒毒人员的信息，建立良好的互动关系，对出所后的戒毒人员开展跟踪辅导。阿宏通过无缝接轨活动认识了深圳某街道的禁毒社工小黄，并建立了联系。

出所后，小黄多次上门找阿宏聊天，希望他加入社区康复，但阿宏不太了解社区康复，对自己出所后能坚持多久也没有信心，对小黄的邀请并不积极。

通过小黄的进一步沟通，阿宏慢慢接受了社区康复，定期到社区参加辅导，接受尿检。坚持了一段时间以后，阿宏的戒毒信心越来越坚定了。

阿宏说以前吸毒的时候，他每天都过得很忐忑，看到警车、警察就心虚。即使在公交车站，即使没看到穿制服的人也战战兢兢，怕有便衣警察，经常东躲西藏，担惊受怕。

现在的阿宏真正感受到了自由的真谛，想去哪里就去哪里，碰到警察也不再心虚，随时被抽查尿检也很坦然，精神状态很好，很轻松。

在小黄的帮助下，阿宏去了一家企业做保安。在工作中，他展现了在戒毒所训练时严格要求的作风，受到了领导的肯定。因为工作积极负责，阿宏感受到的不再是冷眼和歧视，而是尊重和信任。

面对以前毒友的诱惑，阿宏都以坚决的态度回绝。毒友觉得不可思议，问他是不是自己偷偷在吸？阿宏说，他现在绝对不吸，即使看着别人吸，他也不会再去试。他还告诫毒友："我能做到的事情，你一样可以做到！只有戒毒，才是重生之路。"

面对挫折　坚定戒毒决心

2017 年初，阿宏回云南询问社区康复的手续，得知社区康复的执行地可以在深圳，这对于他来说是个好消息。

天有不测风云。阿宏在家的那段时间，病重的父亲去世了。以后的那段日子里，阿宏想了很多。父亲去世后，他就是家里的主心骨了。以前自己吸毒让父母与家人在旁人面前抬不起头来，现在自己有了一个可爱的儿子，难道还要让自己的儿子再受影响吗？想起这些，他更加坚定了戒毒的决心，他要用自己的亲身经历去教导身边那些还没脱离毒海的朋友。

阿宏有一位吸毒的朋友，一直对父亲把他送到戒毒所的事怀恨在心，以至于有一次把 80 岁的老父亲丢在街上，让他自己坐公交车回家。阿宏获悉后，便用自己的经历教育他，说起了自己的父亲，说他多么希望父亲还活着，自己还能报答父亲的养育之恩。他的一番话让朋友惭愧不已。

当民警和禁毒社工邀请他回戒毒所给其他戒毒人员现身说法时，他高兴地接受了，并表示，只要对社会有贡献、能帮助他人早日脱离毒害的事情，他都愿意做。

【采写手记】

从阿宏的案例，我们可以看出，场所戒毒和社区戒毒之间的双向延伸、无缝衔接，对于戒毒人员来说是非常有益的。戒毒人员在戒毒所相对集中，这是各种戒毒力量提前介入的重要时机。这样做一方面可以体现社会和政府机关对戒毒人员的关心支持，另一方面也便于对出所后的戒毒人员进行跟踪辅导。社区和街道的禁毒戒毒社工是一股经验较为丰富的专业性力量，通过提前到场所开展帮教，助力解戒人员出所后的精细化帮教和社区康复。

从案例中我们看到，解戒人员不再是社会的负担，而是帮助社会发展的有益力量。

（采写人：陈　扬）

后 记

为贯彻落实广东省《全民禁毒工程实施方案（2017—2019 年)》，进一步提升戒毒工作质量，我们编写了这本案例集，从不同角度收集、探寻和总结近年来广东省戒毒工作的经验和成果，旨在为戒毒工作实践提供思路，为戒毒人员提供示范，为禁毒工作提供样本。本书的编写从构思、寻访、采写、组稿、校样，我们始终一丝不苟、探索求实，现终于定稿付印了。

本书的编写工作得到了广东省戒毒场所、地方禁毒戒毒部门和有关高校研究机构的大力支持。广东省司法厅领导高度重视本书的编写工作，曾祥陆厅长亲自担任本书顾问；广东省戒毒局多次召开会议研究编写工作，张友生局长亲自审阅样稿并为本书撰写前言 。各戒毒单位积极提供典型个案线索、组织采写工作，为丰富素材奠定了坚实的基础；参与本书编写的同志更是经常加班加点、任劳任怨，为本书的编写做了大量艰辛的努力，在此一并表示衷心的感谢！

希望本书既能作为戒毒人员教育矫治的课本，又可作为戒毒执法人员、地方社区戒毒社区康复工作人员的参考用书，还可为青少年"6·27"毒品预防教育提供最真实、最生动的教材。

由于时间仓促，加之编者水平有限，错漏之处在所难免，恳请读者批评指正。

编 者

2018 年 1 月于广州